「カジノで地域経済再生」の幻想

アメリカ・カジノ運営業者の経営実態を見る

桜田照雄＝著

自治体研究社

『「カジノで地域経済再生」の幻想』目次
──アメリカ・カジノ運営業者の経営実態を見る──

はじめに──賭博を経済政策の目玉に！── 5

第1章　「IR型カジノ（統合型カジノ）」とは ……………… 9
　　1．「IR型カジノ」とはどのようなものか　9
　　2．「IR型カジノ」の「誘致」策　14
　　3．「特区」構想から「観光立国」構想へ　18

第2章　推進派の論理と矛盾 ……………… 29
　　1．「カジノ誘致」の理由づけ　29
　　2．経済波及効果をめぐって　33
　　3．経済効果論と費用便益分析　40

第3章　カジノ運営業者の実態 ……………… 45
　　1．カジノ運営業者の経営成績　45
　　2．アメリカでの「IR型カジノ」・ビジネスの崩壊　52
　　3．シンガポールのカジノ　58
　　4．マカオのカジノ　60

第4章　なぜカジノを認めてはならないか ……………… 66
　　1．カジノで地域再生はありえない　66
　　2．マネーロンダリング──経済犯罪──のおそれ　74
　　3．深刻な依存症──韓国の状況──　75

4．自治体がカジノ推進に走ることへの疑問　*78*

第5章　パチンコや公営ギャンブルをどう考える？ ……………… *82*
　　1．パチンコ業界の経営実態　*82*
　　2．「カジノ推進法案」とパチンコ業界　*86*

おわりに　*94*

はじめに——賭博を経済政策の目玉に！——

　日本国内でのカジノ運営を合法化する法案が審議されようとしています。「特定複合観光施設区域の整備の推進に関する法律案」（通称：カジノ推進法案）には、商業施設やイベントを目的とする施設とともに、カジノを誘致するIR（Integrated Resort）型リゾート施設（統合型リゾート施設）の運営を合法化することが盛り込まれています。現在は賭博として刑法で禁止されているカジノの運営が、合法化されるという法律案です。
　安倍首相も、2014年5月にシンガポールのラスベガス・サンズ社が運営する「マリーナ・ベイ・サンズ」を視察に訪れ、「カジノは将来の経済成長の柱になる」との考えを内外に明らかにしました。安倍内閣は、観光客、ことに外国人観光客の誘客（インバウンド）をテコに観光産業の振興をはかろうとしています。その際、カジノをインバウンドや観光産業の振興の「切り札」とし、経済成長の柱に据えようというのです。そうした奇想天外とも思える経済政策が、いま、実行されようとしているのです。

　カジノは賭博です。経済倫理に反する賭博を、なぜ経済政策の「目玉」に据えようというのか。そこには、長年にわたってデフレ経済にあえいできた日本経済が、経済成長の確かな原動力を見いだせていないという状況をうかがい知ることができます。
　変貌する経済環境にいかに対応するか。そのときどきの政権の経済政策や企業の経営戦略が目標としているのは、まさにこの点なのです。日本経済は世界に先駆けて少子高齢化・人口減少社会を迎え

ています。そうした社会の変化にあっても、持続的な経済成長を可能にするには、どのような経済成長モデルが望ましいのか。少子高齢化社会でのあるべき経済モデルをつくりあげることが、日本経済にとって解決を求められる差し迫った課題となっています。

　そこで、第2次安倍政権は、デフレ脱却に向けた一連の経済政策を打ち出しました。「アベノミクス」と称されるこれらの政策は、「第一の矢」である「大胆な金融政策」、「第二の矢」である「機動的な財政政策」、そして「第三の矢」である「民間投資──民間の投資・消費・雇用──を喚起する成長戦略」という「三本の矢」からなります。「アベノミクス」は、不況から脱却できない原因がデフレ・マインドにあり、これを払拭するには、大胆かつ集中的な経済政策が必要だとの判断にもとづいています。そして、「アベノミクス」が目玉としている産業政策が海外からの観光客の誘致による産業振興、なかでも「カジノの誘致」（賭博の解禁）なのです。

　経済学として賭博をどうみるかという問題は、実は、アダム・スミスやケインズといった偉大な経済学者も考察の対象とした問題です。

　『諸国民の富』（国富論）を著し、「経済学の父」と呼ばれる18世紀の経済学者アダム・スミスは、ギャンブルにはまる心理を「自分の能力へのうぬぼれと、未来へのばかげた夢想」だと喝破しました（毎日新聞2014年10月17日付）。

　スミスはその著書のなかで（第1編第10章第1節）、「富くじ」（宝くじ）を賭博の例にあげ、賭博の本質を次のように解説します。

　　大当たりくじのどれかに比較的よく当る機会をつかむために、ある人々は数枚のくじ券を買い、他の人々はさらに多数の少額券を買う。しかしながら、諸君が冒険を企ててたくさんのくじ券を買えば買うほど、

諸君が損をするみこみはますますふえる、ということくらい確実な数学上の命題はない。

にもかかわらず、「たいていの人が自分自身の能力についてもっている尊大な自負心」ゆえに、「自分の幸運について不条理な臆断を下」してしまうのは、「あらゆる人は利得の機会を多少とも過大評価し、またたいていの人は損失の機会を多少とも過少評価するのであって、かなりの健康と気力がありながら、この損失を実価以上に評価する人はほとんどまったくない」からだといいます（岩波文庫『諸国民の富（1）』、308ページ）。

スミスが生きていた時代では、宗教上の休日も加えると休日は年間180日にもなりました。それだけでなく、金をもっておれば、ジンでも飲んで、どこにでもあった競馬場や闘鶏場にかけこんで、スッテンテンになるまでは腰をあげて働こうとはしないのが、きわめて当然のことだと考えられていました（大河内一男『国富論研究Ⅱ』）。だからこそ、「私人の勤労を監督して社会の利益に最も適合する事業に向かわせる」のが「国の主権者」である「政府の役割」なのでした。こういう事実を背景に、「勤労」という経済倫理に反するがゆえに、賭博は「悪徳」と位置づけられてきたのです。

もう少し言えば、こうした事実からわかることは、長い時間をかけて、ようやく「勤労」という経済的合理性をそなえた社会的規範を人々は身につけてきたのだということです。ですから、「法によって道徳が強制されている」というものでもありません。

スミスの時代から150年あまりを経たケインズにも、社会にとって賭博は「悪徳」だとの考えがありました。彼は、ロンドンの株式市場やニューヨークのウォールストリートを念頭に、「公共の利益のために、賭博場を近づきにくい、金のかかるものにしなければならないということは、通常の人々の一致した意見である」と書き、株

式市場が投機市場化し、バブルを生む——その可能性を抑える必要があると考えています（伊東光晴『現代に生きるケインズ』）。

「賭博を経済政策の目玉にする」とは、経済学の常道から逸脱しているのは間違いありません。そこから「アベノミクス」を批判するのはたやすいことかも知れません。しかし、私たちが考えなければならないのは、なぜこうした「まがい物」の経済政策が一国の総理大臣の口をついて出てくるのか、なぜ少なくない人々が「まがい物」の経済政策にひかれてしまうのかということです。

そこには、地域経済をめぐるさまざまな深刻な問題があります。たとえば、観光地として成長してきた都市が、日本経済の環境変化のあおりをうけて魅力を失い、いやおうなく地域の再生をかけて賭博に走るケースもみられます。

そして、この問題を考えることを通じて、少子高齢化・人口減少という未曽有(みぞう)の社会現象に直面している日本経済のあるべき行く末を、私たちは見いださなければならないのです。

第1章　「IR型カジノ（統合型カジノ）」とは

1．「IR型カジノ」とはどのようなものか

「IR型カジノ」とは

　「IR型カジノ（統合型カジノ）」とは、コンベンション（国際会議場）・エンターテイメント（娯楽施設）・ショッピング（商業施設）・レストラン（飲食街）・ホテル（宿泊施設）・カジノ（賭博場）の6つの機能を有した複合型の観光施設です（以下、この施設を「IR型カジノ」と記します）。もともとは、1990年代のラスベガスで生み出されたビジネス・モデルです。

　日本では当初、「カジノ施設」単体での誘致が計画されていました（石原東京都知事〈＝当時〉の「お台場カジノ」など）。その後、小泉内閣での「構造改革特区」構想に「カジノ誘致」が登場しました。「構造改革特区」構想では「刑法に関するものは対象外」とされていたのですが、問題提起との思惑から「カジノ誘致」を構想する自治体があいつぎました。

　さらに、バブル時代に建設されたリゾート施設が陳腐化し、その再生プランとしてカジノへの衣替え（長崎県のハウステンボスや宮崎県のシーガイヤ・リゾートなど）が構想されたり、最近になってからは、シンガポールやマカオで「IR型カジノ」・ビジネスが勢いを増してきたことから――本場のアメリカではこのビジネス・モデルは衰退の一途をたどっているのですが――、新たな観光資源の「目玉」にと全国の自治体がカジノに注目しています。

　なぜIR型のカジノ・ビジネスに全国の自治体が注目するのでし

ょうか。根底には、地域経済の衰退、少子高齢化の進展で、「このままでは地域が崩壊してしまう」との強い危機感と地域の再生を願う気持ちがあります。ところが、この「地域の再生」を願う気持ちが、「賭博による地域再生」というゆがんだ経済政策となって現れているのです。「他人の不幸のうえに自らの幸福を築こう」とする思いにまで、地域経済の有力者や自治体の首長のみなさんが立ち至っていると言わざるを得ないのは、やるせない気持ちでいっぱいになります。

　「地域共同体の崩壊への不安」や「地域再生の願い」は、たとえば、「秋田・東北IR構想（イーストベガス構想）」では、次のように言われています。すなわち、「地域の観光・地域の産業・地域の文化を活性化させることができるサイクルを生み出し、定住人口が増加することで秋田が抱える最大の問題である人口減少・少子高齢化の歯止めとする」です。「観光」を「資源」に置き換え、「秋田」を全国各地の「地名」に置き換えると、このフレーズは日本のあちらこちらの地域にあてはまるフレーズなのではないでしょうか。

持続可能な観光振興策と「カジノ誘致」

　図表1-1は観光とカジノの結びつきを解説したものです。第一段階は、「付加価値を発生させる」ために自然や歴史の観光資源を活用して観光客を誘致すること。第二段階は、「経済効果を得る」ために観光消費を誘導すること。第三段階は、観光消費によって地域に投下された資金を地域のなかで循環させる「経済循環」。各段階で有効な手だてを講じていくことが、観光振興の具体的な施策となります。

　図表1-2でカジノ・エンターテイメントは、観光施設を集約した通年・全天候型の誘客拠点となる「新たな観光資源」と位置づけられ、従前の観光地を抱える地方自治体によって「カジノ誘致」が進められ、同時に国政のなかでも検討が進められています。

第1章 「IR型カジノ（統合型カジノ）」とは　11

図表1-1　持続可能な観光振興策

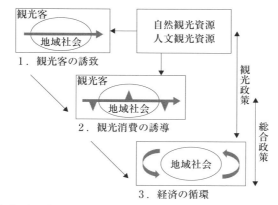

(出所：沖縄県「平成20年度カジノ・エンターテイメント検討事業調査報告書」原出所：小濱哲「1000万来客目標とインフラの課題」より）

図表1-2　カジノ・エンターテイメントの役割

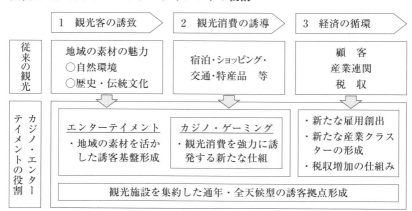

※産業クラスター：米国の経営学者マイケル・E・ポーターが提示した概念で、「特定分野における関連企業、専門性の高い供給業者、サービス提供者、関連業界に属する企業、関連機関（大学、企画団体、業界団体など）が地理的に集中し、競争しつつ同時に協力している状態」をいう。

(出所：沖縄県「平成20年度カジノ・エンターテイメント検討事業調査報告書」原出所：小濱哲「1000万来客目標とインフラの課題」より）

「IR型カジノ」施設の構成

　「IR型カジノ」の基本的な考えは、エンターテイメントやショッピングなど魅力ある「楽しみ」を提供する施設を組み合わせた複合施設を集めることで、観光客の大幅な増加を図ろうというものです。とくに、カジノ施設が、いままでにない「楽しみ」を人々に提供する集客施設として位置づけられています。

　では、「IR型カジノ」を構成する要素のそれぞれについて、簡単な解説を加えようと思います。

コンベンション・エリア

　観光業の集客を阻害する要因の1つが季節変動です。四季折々に風光明媚な観光資源をそなえた日本の観光業ですが、四季それぞれに見事な観光地をあちらこちらに抱える日本だけに、観光客は、その季節にベストな観光地を訪れようとします。観光地からこのことをみれば、観光地を訪れる観光客には、どうしても季節変動がともないます。スキー・リゾートに典型的なのですが、夏場の誘客策が実現できれば、年間を通じた誘客が可能となり、施設や設備の償却負担も平準化され、リゾート経営は格段に改善されるので、オフ・シーズン対策が観光業界にとって共通する経営課題となっているのです。

　「IR型カジノ」・ビジネスでは、年間を通じたビジネスでの来訪者誘客を促すには、コンベンション業務が適当だということで、コンベンションを誘致する「切り札」としてカジノが考えられています。国際会議に出席するような人物が、好んで「カジノを楽しむ」のかどうか、筆者には疑問なのですが、少なくとも「カジノ誘致」を進めようとしている人たちは、カジノの「充実」がコンベンションの誘致を促し、その結果、年間を通じたビジネスでの来訪者が増える

と力説しています。

　このように、コンベンション・エリアは「IR型カジノ」の中でも最も重要な機能の1つとされます。たとえば、ショー・ビジネスと国内外から人が集う展示会、世界中の国際会議などを組み合わせて、大小さまざまなビジネス・コンベンションの開催が「カジノ誘致」計画のなかに組み込まれています。

エンターテイメント・エリア
　先の秋田「イーストベガス構想」によれば、エンターテイメント・エリアには、全天候型のスタジアムを設け、アリーナと合わせて、地元プロスポーツチームの本拠地としての活用や、スポーツ・イベントやビッグ・アーチストのコンサートを開くとの構想が述べられています。さらに、施設内には、大小さまざまなホールやシアターを併設し、演劇、ミュージカル、「無形文化財登録数日本一を誇る秋田県」の伝統芸能などの多彩なイベントがこのエリアで開催されるほか、大人から子どもまでたくさんのアトラクションが楽しめる施設を建設するといいます。それだけでなく、東北の自然を活かしたスポーツ・アクティビティ、ネイチャー・アクティビティ、または農業体験など都会では味わえないさまざまな体験プログラムを提供するといいます。このエンターテイメントの中核に据えられるのがカジノというわけです。

レストラン・ショッピング・ホテル
　「IR型カジノ」の誘致を目論んでいる地方自治体は、それぞれに豊かな観光資源をもった観光地が少なくありません。既存の観光地が誇ってきた郷土料理や地元の名産品、あるいは有名ブランド・ショップの誘致をはじめ、「カジノ」を訪れるのは「世界のおカネも

ち」なのだからと、豪華なレストランやショッピング・ホテル施設の建設が目論まれています。

「年間を通じた集客が期待できる」ことは、観光業界にとって「悲願」ともいうべきもので、「IR型カジノ」は、カジノの集客機能とエンターテイメントなどの集客機能が互いに相乗効果をもたらすと考えられているので、集客への期待感は、いっそうの高まりを見せるのです。

しかしながら、「イーストベガス構想」には——ほとんどの「カジノ誘致構想」がそうなのですが——、「人々が集まる」保証は、一切述べられてはいません。カジノをベースとした開発プランには、集客の合理性を裏付ける証拠が示されることがほとんどありません。肝心の「本当に集客できるのか」という保証はなく、シンガポールやマカオのカジノには「人が集まっている」のだから、「カジノさえ作れば集客は可能なのだ」と、「まず、カジノありき」の構想に終始しているのが実情なのです。こうした向こう見ずな構想は、あたかもバブルに浮かれた時代にみられた「リゾート開発」プランの再版ともいうべきものなのです。

2．「IR型カジノ」の「誘致」策

1999年の石原構想にはじまる「カジノ誘致」運動

「カジノ誘致」構想の始まりは1999〈平成11〉年に遡ります。同年6月、石原東京都知事（当時）は、日経新聞記者の「臨海副都心にカジノを創設する構想があるが」との問いかけに、「本気で考えている。目的税ではないが、収益金を福祉や幼児教育などに限定して実行すれば世間も納得してくれるのでは。国が法律をつくってカジノを合法化しても良い」と述べました（日本経済新聞、1999年8月14日付）。

この時期、沖縄県でも、空港のある伊良部郡下地島でのカジノ・

リゾート計画がたちあがりました（琉球新報、1999年6月23日付）。さらにこの年の9月、沖縄県議会は下地島への「リゾート誘致」を決議します。

「経済特区」にわきたつカジノ誘致派──各地で誘致構想──

　小泉内閣の規制改革・構造改革の目玉として登場したのが「構造改革特区」制度の創設でした。事前に「刑法の規制緩和となるカジノは対象外」とされていましたが、カジノ特区の申請があいつぎました。おそらくは、実現へのアピールの意味も込められていたのだと思われます。

　このとき法務省は、「刑法改正により特定の地域のみその適用を排することはできず、カジノを刑法23章の構成要件から外すことはできないが、『刑法35条による合理化』──刑法35条は「法令又は正当な業務に因り為したる行為はこれを罰せず」と規定しています──については、いずれかの省庁でカジノを合法化する法律が立案されれば、個別に当該省庁との協議に応じる用意はある」（官邸「構造改革特別区域推進本部」HP）との回答を示したことから、小泉政権下では政党レベルでも地方自治体レベルでも「カジノ誘致」が構想されつづけます。

政府税制調査会での動き

　2001〈平成13〉年11月、政府税制調査会・基礎問題小委員会において猪瀬直樹氏がカジノについての講演を行い、日本でもカジノを合法化して売り上げに課税する制度の導入議論が浮上。解禁に伴う問題点を含め、中長期的課題として検討することになりました。このとき猪瀬氏は、小泉内閣の「行革断行評議会」（行政改革担当大臣の諮問機関）に名前を連ねていました（都知事就任は2012年12月）。

自民党での動き

　2001〈平成13〉年12月、自民党内に「公営カジノを考える会」(会長：野田聖子衆議院議員)が設置されました。それは、国レベルでは初めてのカジノ検討組織となりました。同会は、2002〈平成14〉年6月に「カジノと国際観光産業を考える会」に名称を変更。同年12月には、カジノを中核とした国際観光産業を新たな産業として明確に位置づけることにより、新産業の創造、新しい雇用の創出、地域の振興、さらにはわが国の観光産業の飛躍的発展に寄与するため早期の立法措置を講ずることを目的とする「国際観光産業としてのカジノを考える議員連盟」として新たにスタートしました。

民主党での動き

　公営・民営ギャンブル産業を総点検し、健全な娯楽として育成するため国民世論を喚起していくことを目的として、民主党内に設立された「民主党娯楽産業健全育成研究会」(1999〈平成11〉年設立)においてカジノの合法化が検討されました。

三重県鳥羽市の構想——観光地の崩壊と再生への期待——

　三重県鳥羽市は、熱海市(熱海温泉郷観光振興特区)、「珠洲にラスベガスを創る研究会」(能登国際観光カジノ産業特区)、堺商工会議所(国際楽市楽座特区)などとならんで、2002〈平成14〉年8月と2003〈平成15〉年1月の「特区」提案募集に際して、「カジノに係る賭博関係規制の適用除外又は特別法の整備」や「カジノの合法化」などを「特別要望事項」(「カジノ特区」構想)として申請しました。

　鳥羽市議会では2003〈平成15〉年3月議会で、戸上幸子議員(当時)が井村均市長(当時)に、「鳥羽のまちづくりとカジノがどう整合するのか」「カジノのリスクを市長はどう考えるのか」とただし

ました。筆者は、井村市長の答弁に注目しました。その理由の1つは、「カジノ誘致」に向かった自治体に共通する事情が率直に語られていること、いま1つの理由は、「カジノ誘致」の根拠が当時も今も、変わっていない——なぜ必要なのかという根拠が示されてはいない、いや示すことができないのではないか——と思われるからです。

市長はまず、鳥羽市の基幹産業が観光であることを訴えます。その観光産業は1992〈平成3〉年をピークに入り込み客（訪れた観光客数）が減少の一途をたどってきたこと、減少に歯止めをかけるべく、地元の商工会議所や観光協会などと市が連繋しながら、さまざまな支援を行ってきたと述べます。

今後の観光振興の焦点が、中国を中心とした外国人観光客誘客活動（インバウンド）を積極的に行うことにあり、その際重要なことは、「楽しみたいところ」を整備することだと市長は言います。そして、「私といたしましては楽しみたいところの一施設としてカジノ構想を提案させていただいたものであります」と答弁しました。

地域の基幹産業が衰退する。鳥羽市の場合は基幹産業が観光業なので、いろいろ支援してきたのだが、上手くいかない。そこで市長は自分たちの地域の魅力がどこにあったのかを見つめ直して、次のようにいいます。

　鳥羽がなぜカジノと整合するかであります。私たちの鳥羽は恵まれた自然環境とすぐれた歴史、豊かな水資源を有する地域であります。総合保養地域整備法、いわゆるリゾート法の適用を受けて…（中略）…昭和63年7月に全国で1番目に国際リゾート三重サンベルトゾーン構想が承認されました。県内でも最大の規模を誇る本市の観光産業が近年の低迷から脱却し、雇用機会の創出、税収の確保を図る起爆剤の一施設としてカジノを導入することにより、滞在型リゾート地としての観光振興を図ってまいりたいと考えております。

先のカジノ誘致に名乗りを上げた自治体のうち、ハウステンボス（長崎県）やシーガイヤ（宮崎県）など少なくない自治体のプランは、鳥羽市と同じように、リゾート開発に失敗した施設に再活用のチャンスがめぐってきたぞ、というものでした。鳥羽市長の答弁は、失敗したリゾート開発にみられたように、豊富な観光資源を活用できてこなかった日本の観光産業の脆弱さや地域経済政策の未熟さが、「カジノ誘致」にもあらわれていることを裏付けたものになっています。

「カジノがもたらすリスク」について市長は、「法体系さえ確立されればリスクはほとんどない」と答弁しました。これでは「法律があるから犯罪はないのだ」というに等しい答弁です。

風紀の紊乱は、「立地条件の選定や年齢制限などの入場チェックで対処できる」「ゲーミングコントロール法の成立を国に要望する」と答弁しました。実際のところ、市町村のレベルではどうすることもできないのだから、「国におまかせ」というのでしょう。

依存症対策については、「市民のだれもが入場できる施設ではなく、海外からの旅行者、国内の観光客の市内宿泊施設への宿泊者等に限定した娯楽施設を目指しているので、依存症が増える心配はないと思っている」と答弁しました。海外の旅行者や市外の旅行者なのだから依存症を心配する必要はないというのでしょうか。

3．「特区」構想から「観光立国」構想へ

「観光立国」をめぐる動き

石原東京都知事（当時）の「お台場カジノ構想」に端を発した「カジノ誘致」運動は、小泉内閣における「構造改革特区」構想と「観光立国」構想という2つの潮流に溶け込み、その力を増していきました。

観光産業は、小泉政権時代に「観光立国懇談会」が設置され（2003〈平成15〉年）、その育成が政策課題として掲げられて以来、ときの政権が一貫して推進してきた経済政策です。「観光立国懇談会」開催の目的は、日本経済の活性化を国際交流の増進によって達成しようというものでした。4月には「訪日旅行促進事業（ビジット・ジャパン事業）」が開始されます。経済成長を背景に海外旅行需要が大幅に伸びると予想されるアジア諸国での集客事業などを通じて、訪日外国人観光客（インバウンド）の大幅な増加を図ろうという事業です。鳥羽市の構想が、一定の支持を得ることができたのも、カジノを観光産業における集客手段と位置づけているからです。観光業界にとって「集客」は売上高の増加に直結します。いわば「カンフル剤」のように、業界はカジノを受け止めてしまいます。こうしたことを背景に、成長産業を見いだせない日本経済は、「観光」（とくに外国人観光客の誘客）への注目の度合いを高めていきます。

　2006〈平成18〉年には「観光立国推進基本法」が成立。翌年には「観光立国推進基本計画」が閣議決定。2008〈平成20〉年10月には観光庁が設置されます。

　「観光立国推進基本法」は、①国際競争力の高い魅力ある観光地の形成、②観光資源の活用による地域の特性を生かした魅力ある観光地の形成、③観光旅行者の来訪の促進に必要な交通施設の総合的な整備などを通じて、「観光立国の実現――住んでよし、訪れてよしの国づくり――」を実現するとしています。具体的には、2020年の東京オリンピック開催を活用して外国人観光客の集客につとめ、2030年までに3000万人の誘客目標を達成するとしています。高度成長期の日本で「夢のハワイに出かけましょう」と海外旅行がブームになった（JAL＝ジャル・パック）ように、経済が豊かになれば、外国旅行への需要が高まるので、急速に成長するアジア諸国の観光需要を

日本に取り込んで、地域活性化や地域の雇用機会の増大を図ろうという思惑です。

　その後の動きを先取りしておきますと、2012年〈平成24〉年には見直された「観光立国推進基本計画」が閣議決定され、外国人旅行客がもたらす大きな経済効果に注目し、「世界に通用する魅力ある観光地域づくり」が2013〈平成25〉年の「日本再興戦略」にも盛り込まれています。

「カジノ誘致」にわきたつ地方自治体

　ところで、2003〈平成15〉年には東京都など5都道府県が「地方自治体カジノ研究会」を設置し、石川県で「カジノ創設サミット」が実施されました。こうした動きは「地方自治体カジノ協議会」の設立（2004〈平成16〉年）、「全国カジノ誘致団体協議会」（2005〈平成17〉年）へとつながっていきました。

　以下では、岩城成幸「カジノ導入をめぐる最近の動きと論議」（『レファレンス』2006年11月号）と「ゲーミング（カジノ）に関する調査研究報告書」（2008年）などに拠りながら、地方自治体の動きを日本列島の北から順に整理します（図表1-3）。

①釧路市（北海道）
　阿寒湖温泉地区へのカジノ誘致を構想。2014年度予算で釧路市は160万円の調査予算を計上。蝦名(えびな)市長は「滞在型観光を進める努力をしてきたが、カジノを活用していくことを推進している。いまある産業や人を守るためにはこういう機能が必要だということで手を上げている」と述べました（2014年4月21日「阿寒湖誘致を考えるシンポジウム」での発言）。

図表1-3　主なカジノ導入検討地域

（資料：各種報告等より作成）

②小樽市（北海道）

　「小樽にカジノを誘致する会」（2008〈平成20〉年設立）が「小樽国際観光リゾート推進協議会」に再編（2012〈平成24〉年）。年間700万人の小樽訪問観光客にとって小樽は単なる通過点。2013〈平成25〉年9月にカジノ誘致を表明した中松市長は「（カジノの誘致で）宿泊滞在型の観光客を増やしたい」と意気込む（2013年10月21日、NHK

ニュース）。

③苫小牧市（北海道）
　岩倉市長は苫小牧市を「特定複合観光施設区域」として誘致候補地に位置づけることを高橋北海道知事に要望（2013〈平成25〉年10月）。「国際空港や港湾があり諸外国との距離が日本で一番近いことなどをしっかりアピールしていきたい」と語りました（Webみんぽう苫小牧民報社、2013年10月22日）。

④雄和町（合併後、秋田市）
　秋田県の抱える人口減少、経済疲弊、少子高齢化、雇用の減少などの諸問題に対し、「秋田・東北IR構想（イーストベガス構想）で地域を活性化」するとして、「イーストベガス推進協議会」が設立。2008〈平成20〉年10月には、「カジノ・エンターテイメント産業による秋田の活性化」を秋田市に提言。秋田弁護士会は、「カジノ解禁推進法案」に反対する会長声明を発表（2014年7月）。

⑤千葉市
　2012〈平成24〉年1月、「IR型カジノ」を幕張新都心に誘致しようと「千葉市議会IR（統合リゾート）議員連盟」（「アミューズメント振興連盟」を再編）が結成されました。会長の本間議員は「マカオには2000年頃から30回以上、足を運んでいる」「千葉県が導入する際にモデルになるのはシンガポールで、同じエリアに複数のオペレーターを入れることによって相乗効果を生み出す仕組みを作ると良い」とアドバイス（同議員のHP）。

⑥横浜市（神奈川県）

　林市長がカジノ誘致に向けたプロジェクトチームを4月に設置すると表明（2014〈平成 26〉年1月）。「臨海部の観光都市としての魅力を向上させる計画のなかで、IR はカジノを含めなければとても成立しない。この考え方は庁内も同じ方向だと思っている」とカジノ誘致に乗り出す理由を説明しました（MSN 産経ニュース、2014年9月22日付）。

⑦珠洲市（石川県）

　「能登にラスベガスを創る研究会」。2007〈平成 19〉年に第2回カジノ体験会を開催。2010年4月の記事を最後にホームページは更新されていません。

⑧加賀市（石川県）

　加賀市が「加賀温泉観光経済特区（カジノ特区）」として、規制の特例を導入することを提案（2002〈平成 14〉年8月）。

⑨熱海市

　カジノの法制化と熱海誘致を目指す官民一体の団体「熱海・カジノ誘致協議会」が発足（2002〈平成 14〉年）。2014〈平成 26〉年9月に市長選挙が行われた（結果は現職が当選）。誘致に反対する市民団体「カジノの弊害を考える会 in 熱海」が行った9月の市長選の3人の候補者への公開質問でも、「カジノ誘致には慎重」との基本姿勢に明確な違いはなかったとのこと（静岡新聞、2014年8月25日付）。

⑩常滑市（愛知県）

　常滑商工会議所を中心に「臨空都市カジノ研究会」が発足（2003

〈平成 15〉年 10 月)。その後「臨空都市カジノ協議会」に (2008〈平成 20〉年)。2013 年同商工会議所は「前島への企業誘致に重点を置き、カジノ構想を見直す」と表明(愛知民報、2013 年 11 月 17 日付)。

⑪滋賀県

　2003〈平成 15〉年 3 月、滋賀工業会や大津商工会議所など経済団体、国会・県会議員有志が琵琶湖での船上カジノ場開設を目指して「びわ湖にカジノを浮かべる会」を設立しました。2012〈平成 24〉年 7 月に「びわ湖でも(カジノが)実現可能という議論のたたき台にしたい」(中井・琵琶湖汽船社長)とカジノを擬似体験するイベントが開催されています。

⑫白浜町(和歌山県)

　2007〈平成 19〉年 10 月和歌山県はカジノ・エンターテイメントに関心のある市町村や経済団体等とともに「カジノ・エンターテイメント研究会」を設置。白浜町長は「カジノを誘致するというよりはむしろ、エンターテイメントとかアミューズメントとか、そういった娯楽の面でのものをもっともっと充実させて、そして、白浜に呼び込むということが、まずは必要ではないか」と答弁(町議会議事録、2012 年 6 月)。

⑬鳴門市(徳島県)

　日本カジノ健康保養学会は「健康と保養とカジノ」をテーマに、ドイツ南西部の温泉保養地、バーデンバーデンをモデルとした、カジノを中核に据えた複合施設を盛り込んだ町づくりを、鳴門市を候補地として提言しました。鳴門市も 2010〈平成 22〉年には鳴門商工会議所内に「鳴門カジノ構想研究特別委員会」を設置し、国際観光

の切り札としてカジノに熱い期待をいだいてきました。同会代表の中西昭憲氏は、地域密着型の欧州型のカジノを取り入れ、その税収を活用して、健康保有スポーツ施設を充実させ、ひいては医療費や介護費の削減を行うという、地方カジノの新たなあり方について提案を行ないました（「鳴門観光の未来を考える国際フォーラム」2013年9月9日、Casino Japan 第28号）。

⑭北九州市

2006〈平成18〉年9月市議会で「ゲーミング（カジノ）について迅速な調査研究を求める決議」が採択されたことを受け、市役所内部の関係課長で構成する「ゲーミング（カジノ）調査研究会」を設置し、北九州市におけるカジノ事業の可能性について検討。「ゲーミング（カジノ）に関する調査研究報告書」を提出。「報告書」は、「国の方針が示された段階で改めて検討する」との結論を下しました。

「報告書」はまた、「地方の財政状況が大変厳しい中、カジノ設置に伴う収益、税収は魅力的であるが、カジノ施設の建設やその後の運営にかかる財政負担を考慮すると、カジノ設置の是非だけではなく、カジノを『誰が建設し、誰が運営するか』という仕組みが地方においては重要なポイントである」と指摘しています。

⑮佐世保市（長崎県）

2007〈平成19〉年8月長崎・佐世保地区の主要経済人13人が発起人となり、「西九州統合型リゾート研究会」が発足。会長には佐世保商工会議所会頭が就任し、ハウステンボスから大村湾までを含めた広域的な統合リゾート地の実現について検討。

2014年7月にはハウステンボスの沢田社長（HIS創業者・証券会社社長も兼務）がカジノ誘致を表明。「ハウステンボス横に欧州型の上

品で優雅な施設を誘致したい。運営会社に土地を貸し、収益を少しだけ払ってもらう」との構想を明らかに（ニッカンアミューズメント、2014年7月9日付）。

⑯別府市（大分県）
　2000〈平成12〉年12月に別府商工会議所などが、別府市長・別府市議会・大分県知事に要望するなど、商工会議所が中心となり積極的に推進。

⑰宮崎市
　2001〈平成13〉年2月にリゾート施設「宮崎シーガイア」の経営が破綻して以来、この施設をベースとしたカジノ構想がもちあがる。2012〈平成24〉年にはパチスロ機メーカー最大手の「セガサミー・ホールディングス」がシーガイアの運営会社を買収。同社の里見社長はカジノを「絶対やるべき」と表明。2013〈平成25〉年11月には「カジノ誘致研究会」が設立。2014〈平成26〉年9月、宮崎県弁護士会は「カジノ解禁推進法案に慎重審議を」との会長声明を発表。

⑱沖縄県
　2001〈平成13〉年3月県内主要経済団体で構成されるゲーミング調査会が海洋モール複合施設を中心としたカジノ導入モデル案を作成しました。同年8月には、県経済団体会議が政府自民党に陳情活動。2003〈平成15〉年4月には、沖縄県が「エンターテイメント事業可能性調査報告書」を公表。そのなかでゲーミング（カジノ）の実態調査及び、沖縄県内での事業可能性についての検討を行ないました。2004〈平成16〉年2月、県建設産業団体連合会等が、カジノを中心とする大型リゾートを誘致・建設する構想を明らかにしました。

2007〈平成19〉年2月「第4回日本カジノ創設サミット」が那覇市で開催。県は、2013〈平成25〉年度のカジノ・エンターテイメント検討事業に要する経費として390万円余りを計上しました。2012年度の予算は1000万円でした。

⑲全国カジノ誘致団体協議会
　2012年6月に同協議会主催のシンポジウムが開催されました。2013〈平成25〉年10月時点で同協議会は以下の団体から構成されています。
　「ひがし北海道統合観光リゾートIR誘致協議会」（北海道釧路市）／NPO法人イーストベガス推進協議会（秋田県）／いわき経済同友会（福島県いわき市）／熱海カジノ誘致協議会（静岡県熱海市）／能登にラスベガスを創る研究会（石川県珠洲市）／日本カジノ健康保養学会（徳島県）／那覇商工会議所（沖縄県那覇市）／小樽国際観光リゾート推進協議会（北海道小樽市）／堺商工会議所（大阪府堺市）／堺都市政策研究所（同）／和歌山社会経済研究所（和歌山県）」（しんぶん赤旗、2013年10月30日付）。

弁護士団体による「カジノ推進法案」への意見表明
　こうした「カジノ推進法案」に対して、「廃案（等）を求める意見書」「反対する意見書」「反対する会長声明」「慎重審理を求める声明」などの意見が弁護士団体から表明されています。**図表1-4**は2014年10月時点で、各弁護士団体の意見表明を整理したものです。

なぜ「カジノ」なのか
　観光業界からすれば、「カジノ」は季節変動の影響をこうむらない「集客の切り札」と理解されているようです。とくに外国人観光

図表 1-4　カジノに関する弁護士団体意見表明

福島県弁護士会	廃案等を求める会長声明	岐阜県弁護士会	反対する会長声明
横浜弁護士会	廃案を求める意見書	滋賀県弁護士会	反対する会長声明
日本弁護士連合会	反対する意見書	京都弁護士会	反対する会長声明
栃木県弁護士会	反対する意見書	大阪弁護士会	反対する会長声明
佐賀県弁護士会	反対する意見書	兵庫県弁護士会	反対する会長声明
千葉県弁護士会	反対する意見書	鳥取県弁護士会	反対する会長声明
札幌弁護士会	反対する会長声明	愛媛弁護士会	反対する会長声明
仙台弁護士会	反対する会長声明	福岡県弁護士会	反対する会長声明
秋田弁護士会	反対する会長声明	熊本県弁護士会	反対する会長声明
群馬弁護士会	反対する会長声明	鹿児島弁護士会	反対する会長声明
埼玉弁護士会	反対する会長声明	宮崎県弁護士会	慎重審議を求める会長声明
山梨県弁護士会	反対する会長声明		

(資料：各紙報道記事による)

客（インバウンド）の誘客が想定されています。売上高の増加を図るには「顧客の創造」が不可欠だとは、経営学の教科書が教えるところです。まさに「カジノ」はうってつけと考えられているのでしょうか。

　日本では長い間、賭博は社会的に禁じられてきました。「社会的に認められた賭博」を日本で暮らす人々は経験していません。そこに「華やかなカジノ」というエンターテイメントを前面に押し出した「誘致」構想が打ち出されたことから、「カジノはお祭」で、「お祭には人々は集まるものだ」との確信めいたものが生まれて、「カジノさえ来れば人は集まる」との幻想が形成されてしまったのでしょうか。しかも、そうした誘致構想が経済効果の「つくり話」で「裏付け」されていることから、幻想の度合いはなおさら強まります。

　かくして、計画に具体性のない、人々の心理に訴えかける「カジノ誘致」構想であっても、ある程度の社会的合意を獲得してしまうのではないでしょうか。

第2章 推進派の論理と矛盾

　この章では「カジノ誘致」を進める人々（カジノ推進派）は、どういうロジック（論理）で「カジノ誘致」を合理化しようとしているのか、その点をまず考えようと思います。ついで、筆者には「カジノ誘致」を合理化する彼らのロジックは「経済波及効果」、すなわち地方自治体や地域経済に「おカネが落ちる」からだということに尽きると思われるので、この「経済波及効果」を考えます。さらに、「経済波及効果」はどのように計算（測定）されるのか、また、アメリカで行われている「費用便益分析」——なんらかの経済政策を地方自治体が実行するにあたり、住民への開示が必要とされる費用と便益との分析——を紹介するとともに、「経済波及効果」論と「費用便益分析」の違いを明らかにしようと思います。

1．「カジノ誘致」の理由づけ

地方自治体にとっては税収が魅力

　1999〈平成11〉年に石原東京都知事（当時）が「お台場カジノ」を構想した契機も、財政再建団体への転落が懸念されるなかで、カジノからもたらされる税収増加への期待にありました。

　図表2-1は、各地域でのカジノによる税制を比較したものです。たとえば、シンガポールでは、カジノ売上に賦課されるカジノ税の税収が2011〈平成23〉年で718億円であり、これとは別にシンガポ

　本書でドルという通貨名称を用いるときは、とくに断りのないかぎり、USD（アメリカ・ドル）として用いています。ドルには、アメリカ・ドルのほか香港ドル（HKD）、シンガポール・ドル（SGD）、オーストラリア・ドル（AUD）などの名称があります。また、マカオの通貨名称はパタカ（MOP）で1USDはおおむね8MOPに相当しています。

図表2-1　各国・各地域のカジノ税等比較

	米国ネバダ州	マカオ	シンガポール	韓国
ライセンス料	設置ゲーム台数に応じた定額制	ライセンス毎の定額制 上記に加えて設置ゲーム台数に応じた定額制	ライセンス毎の定額制	なし
カジノ税	月次カジノ売上のうち ・最初の5万米ドルに3.5% ・次の8.4万米ドルに4.5% ・それ以上の売上に6.75%	カジノ売上のうち ・35%がカジノ税 ・1.6%がマカオ基金 ・2.4%が観光振興等への特別会計	カジノ売上のうち ・VIP顧客売上に5% ・一般顧客売上に15% （ただし、ともに消費税7%が上乗せ）	全てのカジノ売上に10%
法人税等	州法人税：0% 連邦法人税：12〜39%	12%	17%	法人税：10〜22% 地方所得税：1〜2.2%
入場料(税)			1日当たり100Sドルもしくは、年間2,000Sドル	入場当たり5,000ウォン

（出所：北海道「カジノを含む統合型観光リゾート（IR）による経済・社会影響調査報告書」2012年11月より）

ール人入場客に賦課される入場税が2011〈平成23〉年で約130億円、ラスベガスのあるアメリカ・ネバダ州でのカジノ税収は、州の一般財源の約46%を占めるといいます（北海道「カジノを含む統合型リゾート（IR）による経済・社会影響調査報告書」2012年）。また、マカオではカジノ運営業者は、「マカオでカジノを営業するための権利金」としてライセンス料を支払いながら、カジノの売上に対して35%のカジノ税が課せられるほか、目的税として1.6%がさまざまな事業・文化活動の支援を行う「マカオ基金」に繰入られます（同上）。

「カジノ誘致」が目論まれたのは、こうした税の増収への期待感か

らでした。

エンターテイメント産業としてカジノを位置づける

　美原融・大阪商業大学アミューズメント産業研究所所長は、「カジノとは何か――カジノから地域振興・観光振興を考える」（日本プロジェクト産業協議会、2008年6月）と題した報告のなかで（http://www.japic.org/report/pdf/area_group02.pdf）、エンターテイメントも観光資源であって、「楽しむ」行為をもたらすカジノも重要な観光資源の1つなのだ、と主張します。

　エンターテイメントには映画産業や放送産業のほか、ショー・ビジネスやスポーツ・ビジネスなどがあります。エンターテイメントでは、「どこのチームがお好き？」という問いかけができるように、それぞれの分野でそれぞれの楽しみ方があり、それぞれの「個性」でこの分野のビジネスは成立しています。

　カジノは賭博という独特の「個性」の持ち主です。美原氏は、他ならぬ賭博場を「カジノ」と言い換えたうえで、賭博に興じている人は、実は賭博を「楽しんでいる」のだ、「好きだからこそ」賭博をしているのだ、と言い換えます。この「楽しむ」ことをキーワードにして、「トランプやサイコロ等の手段により顧客が金銭を取得する目的をもって金銭を賭ける行為――賭博にほかなりません――をゲームと称し、多種多様なゲームを営利的に提供するのがカジノ」だと美原氏はいいます。

　人々に娯楽（楽しみ）を提供する産業がある。エンターテイメント（娯楽）は観光産業だ。カジノは「多様な複合的な楽しみを提供する」施設だ。だから重要な「観光資源なのだ」――これが美原氏の観光カジノ論です。

　エンターテイメント（娯楽）産業とは、集客産業（興行のように観

客を集めることによって成り立つビジネス）にほかならず、観光産業にとっても「集客」というマーケティングが大切な役割を果たしていることから、エンターテイメントと観光とは「集客」という機能で結びつけられます。こうした人々に共有される「エンターテイメント」と観光との「結びつき」のなかに、「カジノ」をもちこもうと美原氏は言うのです。まさに「最初にカジノありき」――何とかして賭博を映画やスポーツと同じエンターテイメントだと言い張る――の議論ではありませんか。

賭博はコントロールできる

　美原氏のもう一つの立論が、「ギャンブル（賭博）はコントロールできる」という考えです。氏は、カジノは「世界最大の規制産業」だとも言います。

　アメリカには「アメリカ・ゲーミング協会（AGA：American Gaming Association）」という全米のカジノ運営業者（ゲーミング業者）が加盟する団体があります（1995〈平成7〉年6月設立）。AGAは「責任あるゲーミングのための企業行動憲章」を作成しています。「未成年者によるギャンブルが摘発されたときは、事業者において罰金や免許剥奪などがある」。「管理当局とカジノ事業者とは教育プログラム等を通じて良好な関係を保ち、法律や規制が守られるように取り組んでいる」といいます（沖縄県「平成20年度カジノ・エンターテイメント検討事業調査報告書」）。

　こうしたことをもって「ギャンブルはコントロールできる」と考えているようです。

　ところが、ラスベガスを管轄するネバダ州のゲーミング管理局は次のような見解を表明しています。

問題あるギャンブルとは、個人の心理的先入観や衝動により精神の健康が侵されるものである。過度のギャンブル行動は、時間、金銭、自尊心の喪失に帰着する。ギャンブルは「私生活、家庭関係、職業に対する希望をなくさせ、結果としてそれらを壊すところまで発展させるおそれのあるものである。極端な状況の果てには、病的ギャンブル（pathological gambling）といって、アルコール中毒患者がアルコールの摂取をコントロールできなくなるように、ギャンブル行動をコントロールできなくなるといった症状になることである。病的ギャンブルは、1980年以降、米国精神医学会によって診断・治療が可能な精神病として認知されている。ネバダ州が支援する学術研究によると、2000年現在の成人人口のうち、6.4％が問題あるギャンブル、病気ギャンブルを抱えているとしている（沖縄県、同上報告書）。

　美原氏は「賭博はコントロールできる」といいますが、現実には、どんなにカジノや賭博をコントロールしようとしても、人間の脳への刺激に起因する依存症の発生をコントロールすることはできないのです。新たに依存症を発生させたくないのなら、刺激を止める――賭博をさせない――ことが最も適切な対策なのではありませんか。

2．経済波及効果をめぐって

　「カジノ誘致」を正当化する唯一の論拠が、カジノの「経済効果」論です。先に述べた秋田のカジノ構想でも1350万人の観光客が生み出す経済効果は5000億円を超える――1人が3万円を消費すれば、1350万人の3万円で4000億円を超えますが――という試算や、鳥羽市の市長さんが目論んだプランも「カジノで人が集まれば」というものでした。

　図表2-2は、北九州市が2010〈平成22〉年に公表した調査報告書によるものです。「経済波及効果」「雇用創出効果」「新たな産業の

図表2-2　カジノの経済波及効果（北九州市の研究事例）

経済波及効果	○カジノ施設整備に伴う初期投資、建設事業に伴う雇用の創出、施設の維持管理にかかる投資の増加。 ○カジノを目的とした観光客の増加に伴う観光収入の増加など、地域内の他の経済への波及効果。 （成功例） ・マカオでは、ウィン・リゾート社の「ウィン・マカオ」への投資額は約650億円、ラスベガス・サンズ社の「ベネチアン・マカオ・リゾート」への投資額は約2,800億円であったという。 ・これに伴い、マカオの2006年のGDPは約144億ドル、実質経済成長率17％と急速な成長を遂げ、同年の一人当たりのGDP（域内総生産）は2万8千ドルと香港（2万7千ドル）を初めて抜いた。
雇用創出効果	○カジノ産業および宿泊、飲食、ショッピング、コンベンションなどの周辺関連産業での雇用の創出。 （成功例） ・マカオでは、カジノや高級ホテルの相次ぐオープンにより、ホテル従業員、カジノディーラー等カジノ関連産業での労働需要が高まり、2006年の平均失業率は3.8％と2003年の6％から大幅に改善した。
新たな産業の創出	○カジノが合法化されている国や地域では、カジノは非日常性等を楽しめる大人の社交場として位置づけられており、新たなエンターテイメント産業として、観光資源となりうる。 （成功例） ・マカオの大型カジノ施設では、アメリカのラスベガスと同様に、世界的なエンターティナーによるショーが連日開かれており、ショービジネスが成立している。

（出所：北九州市「ゲーミング（カジノ）に関する調査研究報告書」2010年3月より）

創出」という一般的なカジノの経済効果を整理しています。

　また、大阪商業大学の佐和良作・田口順等氏が、地方自治体などがこの間行ってきた「カジノの経済効果の測定」を整理しておられるので、その成果を紹介しようと思います。

カジノの経済波及効果——その方法論——

　図表2-3は、佐和・田口両氏の整理によるものです。「観光立国」

を受けて、カジノを観光産業と位置づけたうえで、「IR型カジノ」を想定して経済波及効果を算出したものです。算出結果には、大阪湾岸地域の約80億円というものから、東京都産業労働局の1400億円まで相当な開きがあります。

　佐和・田口両氏の問題意識は、従来にはないモデルとアメリカの統計データを用いて、潜在的なカジノの市場規模を算出しようというもので、従来の測定方法を両氏は次のように整理しています。

　　従来の経済効果の測定方法では、主に2つの方法がとられます。1つは、カジノの建設予定地の周辺人口などのカジノの集客力の要因といった需要面から経済効果を算出する方法です。図表でいえば、東京都産業労働局、熱海市、堺市、宮本・田口による測定方法がこの方法を採用しています。
　　もう1つの方法は、周辺の人口を考慮せず、ある程度の規模のカジノを建設した場合、そこから得られるカジノの粗収入などについてのアメリカのカジノに関する諸統計などを使って、日本のカジノの粗収入や入場数などを算出するという供給面から経済効果を算出する方法です。この測定方法を用いて算出したのは、静岡県、和歌山県、佐和（2003）の測定結果です。
　　カジノ産業は日本に存在しない産業なので、さまざまな前提が必要となります。前提条件の設定次第で算出結果は大きく異なります。
　　需要面から経済効果を算出する方法では、カジノの適正規模を求めることが可能なのですが、債務規模を求めるために用いられる要因は周辺人口に限られており、他の要素（経済規模や観光客など）は考慮されません。また単価についてもアンケート調査にもとづくものなので、不確定要素が多く、データの信頼性に乏しいとされます。
　　供給面から経済効果を算出する方法ではアメリカのカジノの収益を参考としていることから、粗利益などの収益面でのデータは需要面からの算出方法よりも信頼性は高いものの、カジノの適正規模を知るこ

図表2-3　先行研究事例一覧

発表機関・発表者	想定地域・形態	モデル分類	予想入場客数
東京都産業労働局（2002）	カジノハウス、ホテル、エンタテイメント施設	需要モデル	150万人〜
堺都市政策研究所（2003）	堺市	需要モデル	121万人
佐和（2003）	10軒のカジノホテル	供給モデル	（宿泊客のみ）750万人
熱海市観光商工課（2004）	熱海	需要モデル	500万人
静岡県（2004）	地方カジノの適正規模、ラスベガスの2/3の規模	供給モデル	285万人
和歌山地域経済研究機構（2004）	白浜	供給モデル	55万人
北海道未来総合研究所（2005）	札幌	需要モデル	69.1〜98.3万人
宮本・田口（2006）	大阪湾岸地域（USJ周辺、堺市、りんくうタウン）	需要モデル	23.6〜91.6万人
下山（2008）	釧路	需要モデル	54.3万人

＊カジノの設置による消費のみ記載。
＊一人当たり消費額はカジノ消費額（いわゆる客が負けた金額）のみ記載。
＊熱海市の事例のみ経済波及効果はカジノの建設＋カジノ以外の観光消費額となっている。

とができません。そのため国内・海外といった地域外からの観光客といった要因を見越した条件がつけられているものの、定量的なものではありません。

　経済波及効果の算出に際して、産業連関表を利用しているのは、東京都産業労働局、堺市、熱海市、和歌山地域経済研究機構、北海道未来総合研究所、宮本・田口（2006）、下山（2008）です。

以上が経済効果の測定についての佐和・田口両氏による整理の詳細です。

経済波及効果の測定例

　簡単な例を用いて、経済波及効果がどのように測定されるのかを

１人当たり カジノ消費額		直接効果	直接雇用 創出者数	直接税収	経済波及 効　果	誘　発 雇用人員
日帰り客 宿泊客	15,000 円 30,000 円	300～ 910 億円	2,155～ 6,538 人	72.9～ 221 億円	740.4～ 1406.9 億円	4,575～ 13,785 人
	20,000 円	423.5 億円	—	30～ 54 億円	597.3 億円	6,341 人
（１ポジションあたり） 	30,000 円	7,268 億円	80,000 人	—	—	—
	10,000 円	650 億円	—	50 億円	854.2 億円	7,697 人
	8,000 円	228 億円	2,200 人	—	—	—
	10,000 円	129 億円	—	—	200.97 億円	2,630 人
ホテル客 ホテル客以外	30,000 円 15,000 円	222.19 億円	1,596 人	—	421.21 億円	2,957 人
	15,000 円、40,000 円	48.0～ 415.5 億円	—	3.5～ 73.3 億円	81.8～ 708.2 億円	682～ 5,695 人
	15,000 円	135.82 億円	—	16.26 億円	181.1 億円	1,947 人

（出所：佐和良作・田口順等「カジノ開設の経済効果」『大阪商業大学論集』第 5 巻第 1 号（151・152 合併号）2009 年 5 月より）

示そうと思います。

1)　「エリア内人口」を積算する。そのためには「交通機関（車や公共交通機関）を用いて 90 分圏内に居住する人口」などのように、合理的と思われるエリアを設定して、エリアに属する市町村の人口を積算する。

2)　海外の実績やアンケート調査の回答率をもとに、「エリア内人口」から「カジノ入場者数」を推計する。これを観光統計でいう「入込客」とみなす。また、「カジノ入場者」に予想される年間の利用頻度を掛け合わせると「固定客」としての「年間入場者数」が推計できる。

3)　ホテルに宿泊してカジノに通う客（観光客）を推計する。ここ

図表2-4 カジノの経済効果——計算例——

	年間入場者数 (万人)	1人当たり消費額 (円)	合　計 (百万円)
(1)カジノ売上高			16,500
固　定　客	70	15,000	10,500
観　光　客	20	30,000	6,000
(2)飲食売上高			2,400
固　定　客	70	2,000	1,400
観　光　客	20	5,000	1,000
(3)物販売上高			1,840
固　定　客	70	1,200	840
ホテル客	20	5,000	1,000
(4)宿泊売上高			1,800
固　定　客	70	0	0
観　光　客	20	9,000	1,800
カジノの経済効果			22,540

(資料：筆者作成)

で、ホテルの規模（部屋数）×利用者（1.5人）×365日×稼働率＝年間実質宿泊人数。年間実質宿泊人数×想定カジノ利用率＝カジノ入場者数。

4) 入場者1人当たりの消費額を計算する。そのための仮定は、①カジノ入場者は、カジノ・飲食・物販・宿泊の4つの部門でお金を落とす（消費する）。②カジノ消費額は、海外のカジノでの実績値から推定する。

5) 年間の入場者数が固定客で70万人、観光客で20万人と計算されたとする。また、①カジノでの売上高が固定客が1.5万円、観光客が3万円。②飲食の売上高が固定客が2000円、観光客が5000円、③物販の売上高が固定客が1200円、観光客が5000円、④宿泊売上高が固定客はゼロ。観光客が9000円と推計されたとします。

6) それらを合計すると、4つの部門の金額が得られ、最終的なカジノの経済効果は、225億4000万円と計算されます。

図表2-4は、以上の計算過程を集計したものです。

産業連関表を用いたケース

　先の測定結果からは、カジノの経済効果、つまり「カジノを誘致することによって225億4000万円の需要が生じる」との結果が得られました。ここで産業連関表とは、「ある地域内の1年間の経済活動について、産業間や産業と消費者などとの財やサービスの取引関係を一覧表（行列式）にまとめ、地域内での経済循環（取引関係と取引量）を明らかにした表」をいいます。経済波及効果の測定にあたって用いられるのは、「逆行列計数表」で、「ある産業に対する最終需要が1単位生じた場合に、その需要を充たすために必要な産業別の生産が最終的にどれくらいになるか（＝生産波及のボリューム）を示す」表です。

　経済波及効果とは、産業連関という考え方を用いると、次のように考えることができます。ある産業に新たな需要が生じたとき、この新規需要は、産業間の取引を通じて他の産業の生産に次々と影響を及ぼします。カジノ施設を建設するには、コンクリートや鉄骨、材木やプラスチックといった建築資材が必要です。ただし、土地の購入は所有者が移転するだけで生産活動には影響がないので産業連関表の分析ではカウントされません。つまり、カジノ施設を建設することによって、コンクリートの材料であるセメントの生産が増加し、したがってセメントの売上高が増加すると考えるわけです。同じように鉄骨が必要なら鉄の、プラスチックなら石油精製製品の生産が増加（＝売上高が増加）すると考えます。

　カジノの場合、上の設例を用いると、225億4000万円の需要が娯楽産業（カジノの産業分類）に新規需要として生じ、それにともない225億4000万円の投資が娯楽産業に行われたとき、その投資額に娯楽産業部門での各産業の逆行列係数を乗ずることにより、生産誘発額（直接＋間接一次）が計算されます。計算された生産誘発額に雇用

者所得を乗じて、誘発された雇用者所得額（雇用者所得誘発額）が計算されます。これが第1次生産誘発額の計算過程です。ここから手順を追って計算を続けることで、第2次生産誘発額などが算出されます。

　経済波及効果の測定にあたっては、以上に述べたように、生産増加額や新規需要額という「プラスの要因」だけが次々と積算されていくので、いきおい、測定される経済効果額がどんどん大きくなっていくわけです。

3．経済効果論と費用便益分析

アメリカでは費用便益分析が義務化

　この点アメリカでは、行政（国・地方自治体）による政策決定にあたっては、費用便益分析（一定期間の便益額と費用額を算出し、費用の増分と便益の増分を比較して政策の分析・評価を行う手法）や費用効果分析（便益を考慮せず、物的単位で測定された事業の効果1単位あたりの費用額を積算する）を行政は行わなければならないとされています。

　図表2-5は、ニューハンプシャー州が作成したカジノの費用便益分析の結果を記したものです。ニューハンプシャー州の下院議会は、費用便益分析を通じて、カジノ合法化案を否決しています。

　「カジノは既存のビジネスを『共食い』（カニバライズ）する。地元客に依存するカジノの収益は、地元のカジノ関連施設以外のレストラン、ホテル、会議場、娯楽施設、小売業への支出を減少させるので、カジノ客による増大効果はみられず、カジノ関連施設が地元企業を淘汰すれば、地域経済の利益循環を破壊し、地域経済を衰退させる」というのが、否決理由の一つです。

　このほか、費用便益分析の直接の結果なのですが、カジノの税率を全米平均値の22％に設定すれば、州税の増加に寄与する3エリア

図表 2-5 カジノの費用便益分析（ニューハンプシャー州）

	南部エリア	南西部エリア	湖水エリア	スキーエリア	北部エリア
入込客	1,410,852	303,683	333,855	531,943	55,877
観光収入（単位：ドル）	597,818,711	104,256,292	119,193,764	178,892	18,290,099
カジノ税収・税率 39%	233,149,297	40,659,954	46,485,568	69,797,885	7,133,139
宝くじへの影響額	▲21,655,088	▲3,294,553	▲8,609,944	▲4,384,998	▲902,813
飲食・宿泊への影響額	7,167,179	1,389,758	183,438	2,752,638	149,550
近隣州のカジノ設置による影響額	▲70,055,424	▲7,892,227	▲3,990,405	0	0
固定資産税増収額	7,025,000	13,195,000	8,685,000	7,775,000	14,910,000
予想される州税増加額	150,100,000	31,000,000	34,300,000	68,100,000	6,400,000
経済成長への寄与					
短期直接雇用（カジノ建設による）	2,000	2,000	2,000	2,000	2,000
短期間接雇用（カジノ建設による）	1,674	1,593	1,593	1,593	1,593
長期直接雇用（カジノ営業による）	2,400	2,400	2,400	2,400	2,400
長期間接雇用（カジノ営業による）	832	764	764	764	764
転職に伴う雇用減	▲970	▲949	▲1,582	▲2,215	▲2,215
エリア全体での雇用者（人）	2,262	2,215	1,582	949	949
エリア全体での産出額増加額（ドル）	94,686,970	86,191,000	61,565,000	36,939,000	36,939,000
エリア全体でのGDP増加率	0.6%	2.3%	2.0%	1.6%	2.6%
社会的費用					
90分圏内（車）のギャンブラー（人）	220,075	41,838	95,708	61,584	11,996
問題のある／病的ギャンブラー（人）	14,252	2,348	7,025	2,100	1,719
規制の運営コスト（ドル）	6,477,558	6,477,558	6,477,558	6,477,558	6,477,558
健康保険局での治療コスト（ドル）	3,735,504	1,771,718	2,541,872	1,733,621	1,460,147
治療しない人への対策費（政府）（ドル）	12,137,652	2,000,881	5,982,260	1,792,357	395,794
治療しない人がもたらす社会的費用（ドル）	37,705,912	6,218,295	18,582,252	5,577,152	1,230,676
社会的費用の見積額（ドル）	60,056,626	16,468,452	33,583,942	15,580,688	9,564,175
うち政府の負担額（ドル）	22,350,714	10,250,157	15,001,690	10,003,536	8,333,499
州税増加額－費用増加額（百万ドル）	90	15	0	52	▲32
〈カジノ税率＝22%のケース〉					
州税増加額－費用増加額（百万ドル）	72	7	▲8	23	▲92

（出所：New Hampshire Gaming Study Commission, *Final Report of Findings*, May 18, 2010 に加筆）

の合計増加額が1億200万ドル（72＋7＋23）に対して、社会的費用の増加額が州税の増加額を超過する2エリアの超過額が1億ドル（8＋92）となってしまい、得られる増税効果額は200万ドルに過ぎないとの試算結果が示されています（図表2－5の最下段参照）。

こうした分析結果にもとづいて、ニューハンプシャー州の下院議会は、「カジノ合法化法案」を否決したのです。

費用便益分析と経済波及効果測定とはどう違うのか

ところで、一般に、経済効果に関する試算には、カジノ消費の代替性（カジノで消費が生じた結果、他の消費が減少する可能性）などの経済評価は無視されています。経済波及効果の測定は、産業連関表をベースとするので、社会的費用などのマイナスの効果が測定結果に反映されません。

先に述べたニューハンプシャー州の分析結果に照らしてみると、日本で行われている経済波及効果測定は、「（社会的）規制の運営コスト」や「健康保健局での治療コスト」といった社会で発生する損失（社会的費用）が考慮されていないという問題があります。

このように、「カジノ誘致」論では、カジノ建設やカジノ運営にともなう消費額の推計や雇用創出効果、新規財源の創出などの予測計算は容易なのですが、社会的費用といった弊害については定量的な検討が試みられないことから、経済的な意思決定を行う際の比較考量が不十分となりがちです。

経済波及効果の夢

大阪では、ユニバーサル・スタジオ・ジャパン（USJ）をはじめとしてさまざまな開発プロジェクトの経済波及効果が取り沙汰されてきました。それらを列挙しようと思います。大阪で暮らす人たちの

第 2 章　推進派の論理と矛盾　43

実感とは、ずいぶんかけ離れたものとなっています。
・2002 年に計算された USJ の経済波及効果は 5900 億円でした。地元の商店街が潤ったという話を聞いたことはありません。
・アベノ・ハルカスの初年度経済波及効果は大阪府内で 4550 億円と計算されました。ハルカスの「麓(ふもと)」では閑古鳥が鳴いています。
・関西社会経済研究所の「大阪湾岸大型設備投資の経済波及効果」は、シャープ堺工場の建設で 4520 億円（土地代込み。太陽電池工場含む）の経済波及効果があると試算しました。シャープ堺工場は、新日本製鉄の堺製鉄所の跡地を利用して、世界最大規模（敷地面積 120ha）の液晶パネルと太陽電池の工場として 2009〈平成 21〉年に稼働しました。ところが、創立以来、巨額の赤字を垂れ流すこととなり、稼働率が低下した亀山工場（液晶生産の主力工場）とともにシャープの経営危機の原因となったため、中国の鴻海（ホンファイ）グループに売却されました。4520 億円は"絵に描いた餅"に終わりました。

　以上のように「経済波及効果」とは、計画段階での試算なのであって、それが実現できるかどうかは全く別の問題であるのは明らかなことなのです。したがって、一定の経済的な効果が見込めるからといって、そこに意思決定の根拠を求めてしまっては、判断を誤ることになります。そういう経験を経済政策を立案してきた人たちは、これまでに積み重ねてきたのではありませんか。

沖縄県による懸念事項への考え方

　沖縄県では「カジノ誘致」が沖縄振興計画に位置づけられた 2002〈平成 14〉年度以降、「我が国におけるカジノ・エンターテイメント導入に向けての基本方針」、沖縄県が設置した「カジノ・エンターテイメント検討委員会」における議論等を踏まえ、沖縄県として懸念

図表 2-6　懸念事項及びアメリカにおける対応策の例

懸念事項	対　応　策
犯罪組織の介入、マネーロンダリング	・監視機関によるカジノの24時間監視 ・法人設立、従業員の採用時等における徹底した身元調査 ・継続して一定金額を持ち込む客等への身分証明書確認
治安風紀の乱れ	・ブラックブック(入場拒否者リスト)利用による入場拒否 ・警察、警備員による施設内外の24時間パトロール
青少年への悪影響	・年齢制限による入場規制(違反すると、カジノ側に厳罰が科される) ・ギャンブルに対する正しい知識教育
ギャンブル依存症の増加	・本人申告制度(事前申告により申告額を超えるチップの交換停止) ・本人または家族の申請によるカジノへの入場拒否制度 ・カジノ業者による依存症対策への費用負担義務(一部州)

(資料：沖縄県「沖縄県におけるカジノ・エンターテイメント検討事業」より作成)

事項に対して、**図表 2-6** のような対策が必要と考えられています。その際、沖縄県は、カジノの運営は国の規制を設置するなどして厳正な管理の下で行われる必要があり、カジノの収益を用いてギャンブル依存症対策などの費用に充てることも重要との考えを明らかにしています(「沖縄県におけるカジノ・エンターテイメント検討事業」沖縄県HP)。「経済波及効果がある」といって、地域経済へのプラスの側面だけを強調するのではなく、「懸念事項」——貨幣換算を行えば「経済波及効果」と対比も可能になる(費用便益分析となる)のですが——をきちんと考慮することは地方自治体として不可欠の分析作業のように思われます。

第3章　カジノ運営業者の実態

　賭博施設であるカジノの肝要な営業手法は「顧客の囲い込み」にあります。何度もカジノに足を運んでくれる客が、カジノにとっての「上客」なのです。そのためには、顧客が「（カジノに）飽きる」のは、なんとしても避けなければなりません。以下の記述では、主要施設の開業年度に注目してください。いずれの会社もカジノ運営業者として歴史のある企業なのですが、主要施設の開業年度は比較的最近のことなのです。

　後に述べる MGM の経営分析でも明らかですが、「儲けたカネは設備投資に」がカジノ経営の鉄則のように思われます。つまり、儲けても儲けても、儲けた資金の少なくない部分を新たな設備投資に注ぎ込まなければならない。アメリカを拠点に「IR 型カジノ」を事業展開している企業の経営成績の分析を通じて得られるのは、そうした「自転車操業」にあるカジノ経営の実態です。こうした設備投資は、カジノ運営業者の課税所得計算では損金（費用）として経理処理されるので、売上の割には税収が伸びないことも予想されます。

1．カジノ運営業者の経営成績

「IR 型カジノ」・ビジネスはカジノが収益源

　図表3－1に採り上げたカジノ運営業者はいずれもアメリカの証券取引委員会（SEC）に登録する上場会社です。それゆえ、証券取引法・証券取引所法に定められた財務書類を公開しています。

　営業収入の筆頭は、ラスベガス・サンズ社。2013年度の営業収入は、144億9440万ドル（約1兆5000億円）です。カジノでの営業収

図表3-1 カジノ運営業者の経営状況

(単位：百万ドル)

	ラスベガス・サンズ		MGMリゾーツ		シーザーズ		ウィン・リゾーツ		メルコクラウン	
	2013	2012	2013	2012	2013	2012	2013	2012	2013	2012
営業収入	14,494.4	11,684.7	10,564.2	9,901.7	8,559.7	8,580.4	5,988.2	5,520.4	5,087.2	4,078.0
カジノ	11,386.9	9,008.2	5,875.8	5,319.5	5,808.8	6,243.0	4,490.6	4,034.8	4,941.2	3,934.8
ホテル	1,380.7	1,154.0	1,646.3	1,588.8	1,219.6	1,205.5	492.2	480.0	127.7	118.1
飲食	730.3	628.5	1,469.6	1,472.4	1,510.0	1,507.6	586.7	588.4	78.9	72.7
エンターテイメント等	996.6	893.9	818.0	2,261.8	—	—	418.7	417.2	103.7	90.8
控除：販売促進費	▲724.6	▲553.5	▲754.5	▲740.8	▲1,178.6	▲1,252.1	▲367.3	▲366.1	▲164.6	▲138.3
営業費用	10,361.6	8,819.8	8,741.2	9,034.0	10,794.3	8,900.3	4,330.8	4,125.0	4,247.4	3,570.9
カジノ	6,483.7	5,128.0	3,684.8	3,396.8	3,280.5	3,553.0	2,846.5	2,626.8	3,452.3	2,834.8
ホテル	271.9	237.3	516.6	507.9	305.4	297.6	133.5	126.5	12.5	14.7
飲食	369.6	331.2	844.4	844.6	658.4	657.6	323.6	308.4	29.1	27.5
エンターテイメント等	555.7	543.5	386.3	356.9	—	—	175.3	189.8	64.2	62.8
その他	2,680.7	2,579.8	2,197.6	3,847.3	4,244.3	4,508.2	851.9	873.5	688.8	631.1
営業利益	3,408.2	2,311.4	1,111.5	80.5	▲2,234.6	▲319.9	1,290.1	1,029.3	839.8	507.9
営業外収入	264.7	248.8	▲1,023.7	▲1,814.7	▲2,224.9	▲1,938.8	▲303.6	▲296.3	▲259.4	▲3,570.9
税引前当期純利益	3,143.5	2,062.6	87.8	▲1,734.2	▲4,459.5	▲2,258.7	986.5	733.0	580.5	395.7
当期純利益	2,306.0	1,524.1	▲156.6	▲1,767.7	▲2,948.2	▲1,508.1	728.7	502.0	637.5	417.2
流動資産	5,515.5	4,477.5	2,719.4	2,507.1	3,770.3	3,494.0	2,968.8	2,202.4	3,148.4	2,749.0
固定資産	15,359.0	15,766.7	14,055.2	14,194.7	13,237.9	15,701.7	4,934.5	4,727.9	3,308.8	2,684.1
投資その他資産	1,849.8	1,919.5	9,335.6	9,582.9	7,680.7	8,802.8	473.7	346.3	2,356.4	2,514.4
資産合計	22,724.3	22,163.7	26,110.2	26,284.7	24,688.9	27,998.1	8,377.0	7,276.6	8,813.6	7,947.5
流動負債	3,129.7	2,622.8	2,215.3	1,925.7	2,530.8	2,588.3	1,455.5	1,131.4	1,238.0	1,721.7
固定負債	10,094.0	10,882.4	13,447.2	13,589.3	24,061.9	25,741.4	6,789.2	6,041.3	2,650.6	2,485.0
負債合計	13,223.7	13,505.2	18,234.6	18,168.7	26,592.7	28,329.7	8,244.7	7,172.7	3,888.6	4,206.7
株式持分	9,500.6	8,658.5	7,875.6	8,116.0	▲1,903.8	▲331.6	132.3	103.9	4,925.0	3,740.8
負債及び株主持分	22,724.3	22,163.7	26,100.2	26,284.7	24,688.9	27,998.1	8,377.0	7,276.6	8,813.6	7,947.5

(出所：各社アニュアル・レポートによる)

46

入（手数料＋客の負け分）は、113億8690万ドルと総営業収入の78.6％を占めます。「カジノ誘致」推進派の人たちは、「カジノ施設は付け足しで、IRの本命はコンベンションなどのカジノ以外の施設だ」といいますが、実態は決してそのようなものではありません。「カジノ収益」が比較的低いMGMリゾーツ社でもその比率は55.6％。メルコ・クラウン社に至っては97.1％が「カジノ収益」によって占められています。「IR型カジノ」・ビジネスでは圧倒的に「カジノ」が収益源なのです。

以下では各社のアニュアル・レポート（年次報告書）などによりながら、各社の経営概要を整理します。

カジノ運営業者の経営状況
ラスベガス・サンズ

ラスベガス・サンズは、約4万8500人の従業員を抱えるカジノ運営業者です。その主な運営施設には、アメリカ国内には「ザ・ヴェネチアン（2007年開業）」「パラッツォ（2007年開業）」「サンズ・エキスポ・アンド・コンベンションセンター（1990年開業）」「サンズ・ベツレヘム（2009年開業）」があり、マカオには「サンズ・マカオ」「ザ・ヴェネチアンマカオ（2004年開業）」「サンズ・コタイセントラル（2012年開業）」などがあります。そして、シンガポールにある「マリーナ・ベイ・サンズ（2010年開業）」は同社が所有しています。

ラスベガス・サンズ社は、カジノのビジネス・モデルに変革をもたらした企業です。1988年にラスベガスの「サンズ・ホテル・アンド・カジノ」を買収したアンデルソン氏（現社長）は、コンベンション（大型見本市）を開催できる施設（世界最大のコンピュータ見本市である「コムデックス」が開かれた）を建設し、商業施設などを併設

した「IR 型カジノ」・ビジネスを展開し、ビジネス客もターゲットとする高級宿泊施設を提供するとともに、ラスベガスを世界有数の国際会議・展示場の開催地へと変貌させました。さらに、アンデルソン氏は 1995 年に「コムデックス」社をソフトバンクに売却し、売却によって得られた資金で「ヴェネチアン（1999 年開業）を建設するとともに、マカオ進出を実現します（2004 年）。

MGM リゾーツ・インターナショナル

　MGM リゾーツ社の 2013 年の「営業収入」は 105 億 6420 万ドル。ところが、10 億 2370 万ドルと営業外費用がかさんだこともあって、最終的な利益は 1 億 5660 万ドルの赤字となりました。2012 年度の最終利益も 17 億 6770 万ドルの赤字でした。2012 年度、13 年度と赤字が続いているわけですが、その詳細については後に詳しくみることとします。というのも、「IR 型カジノ」・ビジネスは「曲がり角」に差しかかっているようにも見受けられ、その典型が MGM リゾーツ社に現れているのではと思われるからです。

　さて、同社は、約 6 万 2000 人の従業員を抱え、ラスベガスを中心に 22 の「IR 型カジノ」を運営しています。主な運営施設は、アメリカ国内には「ベラージオ（1998 年開業）」「MGM グランド（1993 年開業）」「シティーセンター（2009 年開業）」などがあります。マカオには「MGM グランドマカオ（2007 年開業）」があり、中国の海南省には「MGM グランド三亞（2011 年開業・カジノ無し）」があります。これら 2 つのカジノは、「MGM チャイナ」（ホー一族との合弁会社）が運営を担当しています。「ベラージオ」や「MGM グランド」は開業以来、かなりの時間が経過しているので、設備投資も必要のように思われるのですが、既存の施設の抜本的な整備ではなく、マカオへの進出とともに、「シティ・センター（2009 年開業）」のよう

な新しい施設の建設を同社は選択したようです。
　マカオへの進出は、2004年にマカオのカジノ王スタンレー・ホーの娘であるパンジー・ホー（何超瓊）との合弁でマカオでのカジノライセンスを取得（MGMチャイナ・ホールディングス〈美高梅中国控股〉）したことにはじまります。このマカオでのビジネスがMGMリゾーツにとって収益源となりつつあります。
　なお、「風と共に去りぬ（1939年）」や「ベン・ハー（1959年）」などの大作を製作した映画会社であるMGM（メトロ・ゴールドウィン・メイヤー）は2005年にソニーが主導するコンソーシアムに売却されているので、MGMリゾーツとの資本関係はありません。

シーザーズ・エンターテイメント

　シーザーズ・エンターテイメントは、「ハラーズ（1973年開業）」「ハリーズ（1973年開業）」「プラネット・ハリウッド（2007年開業）」「シーザーズ・パレス（2012年開業）」など、アメリカ国内に42のカジノを運営しています。同社の2013年度の「営業収入」は85億5970万ドル。販売促進費が11億7860万ドル。「営業収入」に対する販売促進費の比率が13.8％と他社に比べて図抜けています。「おまけ商法」がシーザーズの真骨頂なのです。さらに、シーザーズは、唯一、営業利益段階で2012年度には3億1990万ドルの赤字を計上しており、2013年度は赤字額がさらに拡大し、22億3460万ドルの赤字となっています。貸借対照表の株主持分も2012年度の3億3160万ドルから2013年度は19億380万ドルと欠損額も拡大し、累積赤字が積み増されている様子がうかがえます。シーザーズの営業拠点はもっぱらアメリカ国内に置かれているので、同社の経営不振は、アメリカでの「IR型カジノ」・ビジネスの不振を象徴しています。

ウィン・リゾーツ

　ウィン・リゾーツの 2013 年度「営業収益」は 59 億 8820 万ドル。カジノの「営業収益」は 44 億 9060 万ドルと 75％ を占めています。同社はラスベガスで「ウィン・ラスベガス（2005 年開業）」を、マカオで「サンズ・マカオ（2006 年開業）」を運営しています。ウィン・リゾーツの創業者であり CEO のスティーブ・ウィン氏が、ラスベガスに「ミラージュ」を開業しカジノ事業に乗り出したのは、1989 年のことでした。高級感あふれる宿泊施設とアトラクションが人気を博しました。「ミラージュ」のこの高級路線の成功は、ラスベガスでの「IR 型カジノ」・ビジネスの典型となりました。

　この経営方針は 2013 年度にも引き継がれているようです。2013 年度アニュアル・レポートが解き明かしたウィン・リゾーツの経営戦略の一端を次に紹介します。

　　顧客に素晴らしい体験を味わっていただくことが当社の営業方針です。顧客の期待を裏切ることのないよう、心をこめたサービスを従業員には心がけてもらっています。また、データベース・マーケティングに力を入れ、飲食や娯楽、宿泊の際の、カジノ・ビジネスからのリワード・システム（ポイント還元商法：筆者注）の充実を図っていきます。

　ウィン・リゾーツは日本進出にも意欲的で、ロイターのインタビューに対し、「今回は（日本のカジノ解禁）が本当に実現することを望んでいる」と述べ、施設のデザインに関しても、印象に残る「象徴的な建造物にしたい」と述べています（ロイター、2013 年 6 月 19 日付）。

メルコクラウン・エンターテイメント

　メルコ・クラウンの「営業収益」は 50 億 8720 万ドル。カジノで

の「営業収益」は49億4120万ドルで同社の総「営業収益」の97.1％がカジノによってもたらされています。同社は、マカオで「アルティラ・マカオ（2007年開業）」と「シティ・オブ・ドリームズ（2009年開業）」を運営しています。

　メルコクラウン・エンターテイメントは、マカオのローレンス・ホー（何猷龍）氏が会長を務める「メルコ（新濠國際發展）」と豪州のジェームズ・パッカー氏率いる「クラウン・リゾーツ」のジョイントベンチャーです。マカオのカジノ王、スタンレー・ホー（何鴻燊）の息子であるローレンス・ホー氏は、1910年に設立された香港最古のカジノ企業のひとつ「メルコ」を父から引き継ぎ、ゲーミングやレジャー事業を手がけています。

　クラウン・リゾーツのパッカーは、豪州のメディア王であった父ケリー・パッカー（故人）の事業から業態を大きくシフト、現在はリゾート開発に専念しています。

　ローレンス・ホーと提携してからも、単独での海外展開にも積極的で、アメリカやカナダ、スリランカなどでのリゾート開発を計画しています。また、シドニーでVIP客専用のリゾート開発にも着手しています。

　同社は、日本文化と融合した「IR型カジノ」開発を標榜しており、「芸術文化の発展と継承に貢献」するため、東京芸術大学へ約1000万ドルを寄付しました（2013年12月）。同社と東京芸大はコラボレーションプロジェクト「AURA」を立ち上げ、コシノジュンコ氏らを招いて芸術文化振興活動を展開しています。

　ローレンス・ホー氏は松井大阪府知事との面談（2014年4月）で、もし日本がカジノを解禁した場合、カジノの総合リゾートに「少なくとも50億ドルを投資する」との見通しを示しています。

２．アメリカでの「IR型カジノ」・ビジネスの崩壊

すでにアメリカではニュージャージー州のアトランティック・シティでのカジノ経済の崩壊があらわになっています。静岡大学の鳥畑教授によれば（『世界』2014年11月号、『経済』2014年11月号）、アトランティック・シティは、「カジノ依存からデスティネーション・リゾートへの脱却」を掲げて、エンターテイメント施設、会議施設、高級レストラン、ショッピングモール（MICE施設）をそなえた「IR型カジノ」の建設が進められていたといいます。そして、「IR型カジノ」の期待の星として24億ドルもの資金を投じて2012年春に開業した「レベル」が、開業後わずか2年半で閉鎖に追い込まれています。さらに、「不動産王」と称されたドナルド・トランプ氏が運営するカジノも含め、2014年に入ってからのアトランティック・シティでは5つのカジノが経営破綻の憂き目にあっています。

これらの事実に照らして、鳥畑教授は「IR型カジノ」・ビジネスは崩壊しているのだといいます。教授のこの指摘をもとに、公表された財務書類によって実態を探ることにしましょう。

MGMインターナショナルの経営分析

さてここで、大阪への進出を目論んでいるMGMリゾーツ社を取り上げて、ごく簡単な経営分析を行ってみましょう。図表3-2は同社がアメリカ証券取引委員会（SEC）に提出した財務書類にもとづいて作成しました。

まず「調整済EBITDA」という経営指標を説明します。もとになるのはEBITDA（イー・ビット・ディエー）という経営指標です。「売上高よりも利益を重視しよう」との経営スタイルが生まれてくるなかで、従来のやり方だと減価償却費や引当金の計算次第で利益

図表3-2　調整済EBITDAから当期純利益に至る計算過程
（単位：千ドル）

	2013	2012	2011
調整済EBITDA	2,098,812	1,718,399	1,556,569
開業費償却・資産計上額	▲13,314	▲2,127	316
長期性資産の減損	▲124,761	▲708,049	▲178,598
MGMチャイナからのキャピタル・ゲイン	—	—	3,496,005
減価償却費・無形資産償却費	▲849,225	▲927,697	▲817,146
営業利益	1,111,512	80,526	4,057,146
支払利息・借入費用の資産計上	▲857,357	▲1,116,358	▲1,086,832
その他（純額）	▲166,400	▲698,381	▲138,683
営業外費用	▲1,023,747	▲1,814,739	▲1,225,515
税金等調整前当期純利益（損失）	87,765	▲1,734,213	2,831,631
繰延税金費用（利得）	▲31,263	117,301	403,313
少数株主損益調整前当期純利益	56,502	▲1,616,912	3,234,944
少数株主損益	▲213,108	▲150,779	▲120,307
当期純利益	▲156,606	▲1,767,691	3,114,637

（出所：同社、Form 10-K、2014年より）

の額が変わってしまうから、経営者の計算次第で数値がかわる減価償却費や引当金は考えないようにしよう——ここで登場したのがEBITDA——という経営指標です。計算式で示せば、EBITDA＝営業利益＋（減価償却費＋引当金繰入額）となります。減価償却費や引当金繰入額は、利益計算では費用としてカウントされるのだけれども、現実に支出されることはありません。あくまで計算上の費用として利益計算にカウントされているものなのです。すると、EBITDAという経営指標は、その企業が本業で稼いだ現金増加額（キャッシュ・フロー）を確かめる経営指標だということになります。

「調整済EBITDA」は、MGMの場合では、営業利益に固定資産の減価償却費や無形資産の償却費が加わります（ここまでがEBITDAです。営業利益の11億1150万ドルに減価償却費等の8億4920万ドルが加わります——表を下から読んだ方が理解できます）。

そこに、開業費償却や開業に際しての借入費用を資産計上した金額（1331万ドル）や長期性資産の減損（1億2476万ドル）が加わっ

て——この部分が「調整済」を意味します：これらの費用を計算するにあたっては、やはり償却期間や開業に関連する費用をどこまで採るかといった「経営者の判断」が影響するので、「経営者の判断」を排除しようにも排除しきれない矛盾をかかえています——臨時的収入・支出が反映されています。このほか、2011年度にはMGMチャイナからもたらされた34億9600万ドルもの創業者利益（キャピタル・ゲイン）が、一挙に計上されました。

つまり、本業が稼いだキャッシュ・フロー（現金増加額）は20億9880万ドルであって、2012年の17億1839万ドルと比べれば、額にして3億8041万ドル、率にして22.1％の増加が見られるのだから、「経営（ここでは現金を稼ぐ力）は順調に推移」しているとMGMの経営者はこれらの計算過程をつうじて主張したいというわけです。

MGMインターナショナルの2013年度の営業収入は105億6420万ドルでした。そこから販売促進費の7億5450万ドルと営業費用の87億4120万ドルを差し引いた営業利益は11億1150万ドルです。カジノ収入は57億7580万ドルで、総収入に占めるカジノ収入の割合は55.6％でした。

設備投資のための資金調達費用がMGMの経営を圧迫しています。ここ3年間の推移をみても12億ドル（2011年度）、18億ドル（2012年度）、10億ドル（2013年度）の巨費が投じられています。その結果、2011年度こそ、マカオのホー一族との合弁事業（MGMチャイナ）から得られたキャピタル・ゲイン（35億ドル弱）のおかげで、最終の収益（当期純利益）は黒字になりましたが、その後は、2期続けて赤字を計上することとなりました。

上の計算過程からは、開業や施設・設備のリニューアルにかかる投資や金融機関に支払われる支払利息などに10億ドルをこえる費用が計上されているのがわかります。

図表3-3 営業収支の内訳——部門別収支—— (単位：千ドル)

		2013	2012	2011
営業収入	国内リゾート	6,052,644	5,932,791	5,892,902
	MGN チャイナ	3,316,928	2,807,676	1,534,963
	合 計	9,369,572	8,740,467	7,427,865
	法人部門	440,091	420,377	421,447
		9,809,603	9,160,844	7,849,312
調整済EBITDA	国内リゾート	1,442,686	1,325,220	1,298,116
	MGN チャイナ	814,109	679,345	359,686
	合 計	2,256,795	2,004,565	1,657,802
	法人部門	▲157,983	▲286,166	▲101,233
		2,098,812	1,718,399	1,556,569

分類が困難なものは法人部門で処理している。　　　（出所：同社、Form 10-K、2014年より）

　カジノやテーマパーク・ビジネスの宿命ともいえるのが、施設のリニューアルへの投資です。お客に飽きられてしまって、人気がなくなってしまえば、経営は立ち行かなくなります。儲けたおカネは「目先を変えるための施設の更新や設備投資に」とならざるをえないのです。

　図表3-3は営業収支の内訳を記しています。MGMチャイナとはホー一族とのマカオでの合弁事業です。マカオでの合弁事業収入のうち50％相当額がMGMチャイナの取り分としてMGMインターナショナルの収入に計上されています。マカオでの収入がMGMインターナショナルの収入に大きく貢献していることがうかがえます。

　図表3-4は減損処理の内訳を示したものです。減損処理とは、土地や建物など長期にわたって事業活動に利用される資産が収益性の低下などによって、当初の帳簿価額の回収が見込めなくなるとの証拠がある場合、測定された資産価額まで価値を減少させる会計処理をいいます。「ラスベガス・ストリップでの不動産関連」の「減損処理」というのは、ラスベガスでもメインストリート（ストリップス）にあるカジノ施設の価値を計算するときに、カジノでの収益性が低

図表3-4 減損処理の内訳

(単位：千ドル)

	2013	2012	2011	2010
当社社屋関連	44,510			
その他ネバダ州内不動産関連	20,354			
グランドビクトリア関連	36,607	85,009		
ボルガータ関連		65,000	61,962	128,395
ラスベガス・ストリップでの不動産関連		366,406		
アトランティック・シティでの不動産関連		166,569		
シルバーレガシー（ホテル）関連			22,966	
シティセンター				1,313,219
サーカスサーカス・リノ			79,658	
その他の不動産関連投資	23,290	25,065	14,012	9,860
合　計	124,761	708,049	178,598	1,451,474

(出所：同社、Form 10-K、2014年より)

下してきたことから、「資産価値（収益を生み出す能力）が低下したから収益性が低下したのだ」と考えて、「いままでの計算による場合の資産価値」と「現時点で計算された資産価値」との差額を損失（収益性を生み出す能力の低下分）として会計処理したことを示しています。2012年度に計算された損失額は36億6406万ドルでした。こうした「資産価値の減少額」が、14億5147万4000ドル（2010年度）、1億7859万8000ドル（2011年度）、7億804万9000万ドル（2012年度）、1億2476万1000ドル（2013年度）であったと報告されています。

　図表3-5（部門別収支）や**図表3-6**はMGM社の地域別収入額を示しています。2011年から2013年の3年間でマカオでの収入は2倍を超えるとともに、MGM社にとっても年々マカオでの比重が大きくなっています。**図表3-6**はアメリカ国内とMGAチャイナでのカジノ収益の推移を示しています。中国でのカジノ収益のシェアが高まっていることが確認できます。また、MGM社の財務データ（Form 10-K）によれば、MGM社のラスベガスでの収益は4億2462万ドル（2010年）から7億3200万ドル（2013年）へと172.4％の伸

図表3-5
◆営業収支の内訳——部門別収支の構成比——　　　　　　　　　　（単位：%）

		2013	2012	2011
営業収入	国内リゾート	64.6	67.9	79.3
	MGNチャイナ	35.4	32.1	20.7
	合　計	100.0	100.0	100.0
調整済EBITDA	国内リゾート	63.9	66.1	78.3
	MGNチャイナ	36.1	33.9	21.7
	合　計	100.0	100.0	100.0

◆営業収支の内訳——部門別収支の趨勢比——　　　　　　　　　　（単位：%）

		2013	2012	2011
営業収入	国内リゾート	102.7	100.7	100.0
	MGNチャイナ	216.1	182.9	100.0
	合　計	126.1	117.7	100.0
調整済EBITDA	国内リゾート	111.1	102.1	100.0
	MGNチャイナ	226.3	188.9	100.0
	合　計	136.1	120.9	100.0

（出所：同社、Form 10-K、2014年より）

びを記録しています。テーブルゲーム収益とスロット収益との割合には大きな変化はみられません。ここで重要なことは、アメリカ国内ではもはやラスベガスでのカジノ収益でさえ、「IR型カジノ」が想定するテーブル・ゲームではなく、スロット収入へと収入源の比重が移っていることです。それとは好対照なのが、MGMチャイナでのカジノ収益です。

　MGMチャイナでのカジノ収益は2013年度は32億7621万1000ドルでした。このうちの63％がVIPテーブルでの収益です。VIP客によって成り立っているのが、マカオでのカジノ・ビジネスなのです。しかも、販売促進費の増加とともに、VIPテーブルが果たす役割も年々、大きくなっていることがわかります。

　いかがでしょうか。数年間にわたるカジノ運営業者の営業成績が解説される機会は、これまでほとんどなかったように思います。マ

図表3-6
◆アメリカ国内でのカジノ収益 (単位：千ドル)

	2013	2012	2011
カジノ収益（ネット）			
テーブルゲーム	861,495	821,737	800,216
スロット	1,671,819	1,666,482	1,625,420
その他	66,257	65,450	66,836
カジノ収益（ネット）	2,599,571	2,553,669	2,492,472
カジノ以外の収益			
ホテル	1,589,887	1,531,829	1,513,789
飲　食	1,382,480	1,393,141	1,374,614
娯楽・小売りその他	1,130,298	1,097,220	1,139,139
カジノ以外の収益	4,102,665	4,022,190	4,027,542
小　計	6,702,236	6,575,859	6,520,014
控除：販売促進費	▲649,592	▲643,068	▲627,112
合　計	6,052,644	5,932,791	5,892,902

◆MGMチャイナでのカジノ収益 (単位：千ドル)

	2013	2012	2011
カジノ収益（ネット）			
VIPテーブル	2,062,200	1,762,627	1,055,326
メインフロアでのテーブルゲーム	923,415	733,397	338,698
スロット	290,596	269,795	116,489
カジノでの収益（ネット）	3,276,211	2,765,819	1,510,513
カジノ以外での収益	141,503	135,549	80,564
合　計	3,417,714	2,901,368	1,591,077
控除：販売促進費	▲100,786	▲93,692	▲56,114
	3,316,928	2,807,676	1,534,963

(出所：同社、Form 10-K、2014年より)

スコミ報道などを通じて、みなさんが描いておられた「カジノは儲かる」というイメージとはうらはらに、カジノ・ビジネスの現実の姿が現れていませんか。

3．シンガポールのカジノ

　図表3-7は、2012年の主要カジノの動向を示しています。年間訪問客数ではラスベガスが勝っているのですが、カジノの収入（俗

図表3-7　他を圧倒するマカオのカジノ（2012年の動向）

	ラスベガス	マカオ	シンガポール
年間訪問客数	3973万人	2808万人	1440万人
カジノ収入	62億ドル	381億ドル	46億ドル

（出所：沖縄県「沖縄県におけるカジノ・エンターテイメント検討事業」より）

図表3-8　シンガポール・カジノ収益の推移　　　　　（単位：千ドル）

年度	リゾート・ワールド・セントーサ	マリーナ・ベイ・サンズ	合　計
2010	1,886,915	1,062,286	2,949,301
2011	2,154,700	2,364,922	4,519,622
2012	1,898,458	2,271,869	4,170,327
2013	1,748,094	2,363,140	4,111,234

（出所：Genting社、Las Vegas Sands社「アニュアル・レポート各年度版」より作成）

にいう「テラ銭」を含めた客の負け分）ではマカオが圧倒しています。もちろんそれにはそれだけの理由があります。以下では、カジノの実態について話を進めようと思います。

シンガポールのカジノ

　シンガポールのカジノ運営による経済効果をみると、マクロ環境など他の要素の影響があるもののカジノの運営が始まる2009年に960万人だった観光客数と比べ、2010年には、1160万人に増加し、さらに2011年では、1300万人を超え、2009年から比べて実に35％も増加しています。

　シンガポール政府は、2ヵ所のカジノを含む統合型観光施設で、直接雇用3.5万人、約940億円の経済効果を目標として掲げています。

　図表3-8は、シンガポール・カジノ収益の推移を示したものです。シンガポールでは「リゾート・ワールド・セントーサ」（ファミリー層をターゲットとした施設）と「マリーナ・ベイ・サンズ」（カジノをメインとしたカジノホテル）との2つのカジノがあります。最近4年

間の営業成績は**図表3-8**のようになっています。オープンは2010年4月なのですが、翌2011年には一挙に収益を伸ばしたものの、その後の収益状況は横ばいになっています。

シンガポールのカジノは成長限界か

いくつかの金融機関は、同国におけるカジノ産業のこれ以上の成長は難しいとのレポートを発表しています。

カジノ業界メディア「AGB」によれば、OCBC（オーバーシー・チャイニーズ銀行）のアナリストは、「シンガポールのカジノ収入はすでに頭打ち」と述べています。また、投資銀行マコーリーのレポートでは、2014年に入ってシンガポールを訪れる観光客数が減り始めており、カジノのVIP市場の約半数を占める中国人VIP客も前年比で29％（2014年1月〜9月現在）減っているといいます。シンガポールのカジノ収入のうち、約80％はVIP客によるものです（PiDEA.web、2014年9月25日付）。

4．マカオのカジノ

サンズ・チャイナとスタンレー・ホー氏との競争

ポルトガルの植民地だったマカオでカジノが合法化されたのは、1847年のことです。マカオのカジノには約160年の歴史があります。マカオ返還（1999年）以前は、「カジノ王」スタンレー・ホー（何鴻燊）氏がSTDM（Sociedade de Jogos de Macau＝澳門旅遊娛樂股份有限公司＝マカオ旅行娛楽会社）を通じカジノ運営権を独占しており、この状況は中国政府によるマカオ・カジノへの競争戦略が導入される2002年まで変わらなかったのです。その後、マカオではサンズ・チャイナ社（ラスベガス・サンズのマカオ法人）とホー氏のSJMホールディングス社とのシェア争いは激しさを増しているとのことです

図表3-9 マカオでのカジノ経営成績

年度	カジノ（カ所）	テーブル数（台）	スロット・マシン（台）	収益（百万ドル）
2005	17	1,388	3,421	5,755.9
2006	24	2,762	6,546	7,077.9
2007	28	4,375	13,267	10,377.8
2008	31	4,017	11,856	13,596.5
2009	33	4,770	14,363	14,921.1
2010	33	4,791	14,450	23,542.9
2011	34	5,302	16,056	33,483.4
2012	35	5,485	16,585	38,017.4
2013	35	5,750	13,106	45,093.3

（出所：Gaming Inspection and Coordination Bureau Macau SAR）

（Macau Casino News、2014年9月2日付）。

図表3-9は、中国政府によってマカオにカジノ競争政策が導入されてからのカジノの経営成績を記したものです。中国経済の発展にともなって急成長している姿が表からはうかがえます。2013年の「カジノ収益」（1回ごとの賭けについての手数料と客の負け分の合計金額）は、なんと450億9360万ドルです。1ドル＝100円で換算すると、なんと4兆5000億円を超えます。この金額は「張り客」の負け分ですから、賭博場でやりとりされるおカネはこの何倍にもなります。なんと数十兆円！もの金額が、マカオ全体で賭博に使われていることになりますから、恐ろしいというほか言葉がありません。

また、**図表3-10**は、マカオでの賭博種別に営業収益をまとめたものです（なお、原資料はマカオパカタで表記されていましたので、8マカオパカタ＝1アメリカ・ドルに換算しています。また「大小（Cussec）」という賭博は3つのサイコロを使って「出る目」を当てるマカオの伝統的な賭博です。賭け方によって配当が異なるので、いわば「中華版ルーレット」ともいうべき賭博です）。

450億9360万ドルの「カジノ収益」のうち、412億6540万ドル

図表3-10　マカオでの賭博種別営業収益

	VIPバカラ	バカラ	ブラックジャック	ルーレット
2005	3,608.0	1,3606.0	182.4	23.3
2006	4,597.9	1,488.9	202.8	31.0
2007	6,970.3	2,064.4	239.6	46.4
2008	9,215.3	2,658.0	280.9	86.6
2009	9,979.3	3,187.3	237.9	86.8
2010	16,956.0	4,364.6	286.3	84.0
2011	24,515.8	6,083.6	339.0	97.9
2012	26,356.3	8,281.4	368.8	111.5
2013	29,815.5	11,449.9	381.5	117.5

（298億1550万ドル＋114億4990万ドル）、91.5％はなんとバカラによるもの。マカオのカジノといえば「バカラ」なのです。しかも、「カジノ収益」の66.1％はVIP客によるものです。なんとも凄まじい金額です（バカラがどのような賭博なのかは、後に述べます）。

VIPバカラの実態

　マカオのVIPバカラの実態を暴いた資料を見つけることはできなかったのですが、マニラの「ソレイユ・リゾート・アンド・カジノ」でVIPルームの運営に携わるXTDグループの執行パートナーであるフィリップ・ウォン氏へのインタビュー記事を紹介することにします（『月刊レジャー産業資料』2014年1月号）。なお、XTDグループは、マカオでもMGMグランドというカジノでVIPルームを運営しており、マカオでは掛け金の大きなハイローラー（VIP客）が中心なので、以下に紹介するフィリピン・ソレイユの3〜4倍の儲けがあるといいます。

　XTDグループが手がける14卓のカジノテーブルで行われるゲームはすべてバカラです。カジノテーブルは、ローリング（賭け金額）

(単位：百万ドル)

大小	スタッドポーカー	スロット	その他	合計
190.8	65.3	156.3	224.0	5,755.9
240.4	69.5	256.6	190.9	7,077.9
344.4	93.8	449.3	170.1	10,378.1
380.4	115.6	706.6	146.9	13,596.5
353.3	117.3	812.9	146.9	14,921.4
444.4	132.5	1,077.3	197.9	23,542.9
596.8	163.6	1,428.1	258.6	33,483.4
693.3	184.0	1,655.5	366.8	38,017.4
844.5	207.6	1,798.0	479.1	45,093.6

(出所：Gaming Inspection and Coordination Bureau Macau SAR)

のレートによって3つに分かれており、最も低いもので1回のローリングが日本円にして6万円から250万円。中間のものが12万円から600万円。最高は24万円から1200万円です。VIPのなかでも特に大口の顧客には50万円から2500万円のテーブルが用意されます。

　バカラはプレーヤー（張り客）とバンカー（胴元）が対戦し、どちらの方が配られたカードの合計が9に近いかを当てるゲームです。バンカーが買った場合、バンカーの勝ちを予想し当てたお客さまは配当からコミッション（手数料）として5％が差し引かれ、プレーヤーが勝った場合にはコミッションはありません。

　このコミッションがバカラの主な収益源になります。したがって、バンカーとプレーヤーの勝敗を平準化して、コミッションを徴収できる確率を2分の1とすると、1回当たりのローリングに対し2.5％をコミッションとして徴収できることになります。これにローリングの回数を賭けたものが収益です。加えて、お客の負け金額もカジノの収益となります。

　これらの収益のうち約半分がカジノの持ち主であるソレイユに分配され、残りが運営会社であるXTD社に分配されます。ソレイユ

はそこからライセンスフィーやディーラーの人件費を支払い、XTD社に分配された収益からアカウンター（記帳係）やウェイター、パブリックリレーション（集客担当）などへの人件費を差し引いたものがXTD社の純利益となります。

　フィリピンでのVIPの集客は月間で200〜300人。中国本土からの集客は80％。フィリピン在住の中国人が10％。韓国人が5％。台湾・マレーシアの華僑が5％。利用者の平均的な持参金は1200万円から6000万円ぐらい。ソレイユは開業して約8ヵ月目ですが、現在の月間のローリングはおよそ150億円とのことです。

ジャンケット（高額賭博客仲介業者）も狙う日本市場

　当たり前の話になりますが、カジノの儲けが保障されるには「張り客」が不可欠です。カジノの儲けとは「客の負け分」に他ならないからです（ゼロ・サムと言われるゆえんです）。一攫千金を夢みて、カジノに来るお客がいるかぎり、カジノの儲けは保障されます。そこに「客寄せ」のためのさまざまな弊害（社会的費用）が発生する根拠があるのです。ひどい依存症に悩む病人がいたとしても、カジノの運営業者からすれば「カジノの固定客（＝顧客）」なので、依存症はどうでもよいことなのです。

　香港のオルタナティブ投資（株式や債券など伝統的な金融商品投資にこだわらず、未公開株やプライベートのエクィティ・ファンドへの投資を手がける）証券業者であるCLSA社——カジノ運営会社は上場企業なのですが、カジノ運営会社への投資を勧誘する業者はオルタナティブな業者です——が、日本がカジノを誘致したときの目論見書——投資家の投資判断基準となる情報を提供するための財務書類——を作成しています（「天から円が降ってくる」It's rainig Yen!）。この目論見書の結論は、東京・大阪と地方都市10ヵ所でカジノが営業

を開始したとき、年間で400億ドル（＝4兆円）の儲けが期待できるというものです。この目論見書で興味深いことは、ジャンケットという顧客をカジノに紹介する業者には、「売上の50％の紹介手数料」を支払うと仮定していることです。「客が負けた分は、あなたと私で折半しましょう」という設定なのですが、カジノ収益を試算する立場の人間にとっては、「ジャンケットへの手数料が50％」だとしても、それは決して違和感のない設定だと考えたと筆者はみています。むしろ、長い歴史のなかで初めて賭博が「公認」される日本市場でなら――競争相手がいないので"濡れ手に粟"以上のことが期待できる、「50％の紹介手数ぐらい」と考えるのではないかと思います。

450億ドルの売上――マカオのカジノは群を抜く――

　バカラ賭博、しかもVIP客によるバカラ賭博の収益が、マカオ全体での賭博収益の3分の2を占めている――まさに「鉄火場」の異様な光景が日々、マカオで繰り返されているのです。カジノの収益規模で4兆5000億円なのですから、賭博の賭け金は少なく見積もっても、その十数倍になりますから、日本の税収（40数兆円）に匹敵するおカネが「鉄火場」で踊っていることになります。こういう世界に暮らしていれば、「気がおかしくなる」のも、むべなるかな。依存症に悩み苦しむ人が次々に現れるのも得心のいく話です。

　言葉のうえでどんなに「賭博」を美化したところで、カジノ運営会社の財務書類や依存症に悩む人々の声が「カジノの真実」を伝えてくれます。次の章では、「なぜカジノを認めてはならないのか」、この問題を考えることにしましょう。

第4章　なぜカジノを認めてはならないか

1．カジノで地域再生はありえない

湾岸開発の失敗のツケをカジノで清算

「大阪にカジノを」——大阪が注目されています。鳥羽市（三重県）や秋田市などの地方都市だけではなく、大阪のような大都市でも「カジノを」の声があがっています。これまでは「日本経済の拠点の1つ」と衆目が一致していた大阪でも、実は、都市経済の深刻な問題に見舞われているのです。

大阪での地域経済や地域開発を振り返ってみますと、「太閤秀吉がこしらえた天下の台所」という言葉は昭和10年頃までは、まさにその通りだったようです。戦後になると、たえず東京との比較において「大阪経済の地盤沈下」が叫ばれるようになりました。高度成長期には重化学工業こそが大阪経済の「救世主」となるのだとばかりに、堺や泉北に臨海コンビナートが建設されました。1970年代以降になると、今度は、情報産業やサービス産業の強化が叫ばれました。東京や名古屋と違って、大阪には広い土地が残されていません。そこで大阪湾を埋め立てて工業用地が造成され、埋め立て地のおかげで「日本で最も面積が小さい都道府県」から抜け出すこともできました。

ところが、土地はどんどん造成できたのに、そこに入る産業がないという現実に大阪経済は直面します。大阪へのオリンピック誘致にも失敗しました。湾岸部を結ぶ地下鉄も着工はしたものの、埋め立て地を結ぶトンネルを作っただけで終わってしまいました。埋め

立て地である夢洲(ゆめしま)にはこれまでに2800億円もの造成費用がつぎ込まれています。ところが、390haの広大な敷地に夢洲コンテナターミナルや横浜冷凍㈱の夢洲物流センターが設けられましたが、今なお250ha以上もの未利用地が残されている始末です。

カジノにのめり込む松井知事・橋下市長

　松井大阪府知事は、2013年1月の記者会見で、夢洲への「IR型カジノ」誘致構想を明らかにしました。大阪でのカジノ構想は、太田房江知事（当時）が「構造改革特区」構想のなかで、2002年に関西空港の対岸にある「りんくうタウン」への誘致を表明したことに始まります。大阪市の橋下市長も、大阪府知事時代の2009年10月の企業経営者向け講演会で、大阪について「こんな猥雑(わいざつ)な街、いやらしい街はない。ここにカジノを持ってきてどんどんバクチ打ちを集めたらいい。風俗街やホテル街、全部引き受ける」と述べ、「大阪をもっと猥雑にするためにも、カジノをベイエリアに持っていく」とのカジノ構想を改めてぶち上げたと報じられました（読売新聞、2009年10月30日付）。

　松井大阪府知事も、「IR（カジノを中核とする統合型リゾート）は大阪の成長エンジンになると確信している」と述べ、大阪に「世界に類のないIRを立地する」と強調しています（しんぶん赤旗2014年8月1日付）。

　アメリカのカジノ運営業者であるMGMリゾーツ・インターナショナルのエド・バウワーズ氏は、「2019年末までに、大阪にカジノが誕生する可能性がある」との見方を示しました（ロイター、2014年5月17日付）。海外の賭博業者が大阪に注目するのは、次のような理由からだと思われます。

　①金儲けの機会：日本全体のGDPの16％を大阪が産出しており、

図表4-1　東京・大阪地価比較

	大　阪	東　京	大　阪	東　京
地　価（商業地）（m²）	443,600	1,440,800	30.8	100.0
地　価（住宅地）（m²）	151,700	31,270	48.5	100.0
地　価（工業地）（m²）	84,900	21,390	39.7	100.0
オフィス賃料（円）	2,594	3,973	65.3	100.0
工業用地賃料（円）	1,430	1,888	75.7	100.0
住宅地賃料（円）	1,697	2,728	62.2	100.0
平　均　賃　料（円）	366,494	414,539	88.4	100.0
消費者物価指数	101.1	106.3	95.1	100.0

（出所：大阪外国企業誘致センター「大阪の産業コスト面でのアドバンテージ」より）

京阪神で1700万人の人口がある。それだけ金儲けの機会に恵まれている。

　②地価が安い：東京との比較で言えば、消費者物価や人件費と比べて、地価の安さが大阪の魅力（図表4-1）。

　そしてなによりも、③地元自治体の支援があることです。IR法案の成立にとって、先の松井大阪府知事や橋下大阪市長の発言や実現に向けた努力こそが、業者にとって最大の魅力だと言ってよいでしょう。

関西経済同友会の「IR型カジノ」構想

　関西経済同友会は2012〈平成24〉年3月、大阪湾岸部の舞洲（大阪市此花区）にカジノやホテル、大型展示場を集めたリゾート施設をつくり、関西経済の活性化につなげるべきだとする提言（「関西統合型リゾート『KIR（Kansai Integrated Resort）』実現に向けて」）を公表しました。

　関西経済同友会の構想では、シンガポールの「マリーナ・ベイ・サンズ」「リゾート・ワールド・セントーサ」をモデルとして、2つのカジノに加え、ホテル2棟（計5000室）、6万人収容の会議場（15

万 8000m^2）や大型展示場（8 万 m^2）、レストラン（80 店舗）にショッピングセンター（300 店舗）、博物館、美術館、劇場、イベント広場からなる広大な施設の建設を構想しています。現在、活用されている「大阪国際会議場（グランキューブ・オオサカ）」の敷地面積は 10 万 m^2、収容人数は 2754 人ですので、計画規模の大きさが際立っています。

すでに商業施設は飽和状態——このうえ「IR 型カジノ」か——

「IR 型カジノ」・ビジネスは、「商業施設・宿泊施設への集客手段としてカジノを誘致する」との開発思考にもとづいています。ちなみに、マリーナ・ベイ・サンズ（シンガポール）のショッピング・ゾーンは 7 万 5000m^2 です。ところが、大阪にはすでにこのシンガポールの施設よりもはるかに広い商業施設が目白押しなのです。

図表 4-2-1 は大阪市内のターミナル（梅田＝大阪駅・心斎橋・なんば、天王寺＝あべの）の各ターミナルでの商業施設の開発プロジェクトを示しています。なかでも、大阪梅田エリアは JR 大阪駅と阪急・阪神梅田駅、大阪地下鉄（梅田・西梅田・東梅田・北新地）の各駅からなる大阪で最も人が集まる商業地区です。

大阪・梅田地区の商業施設

図表 4-2-2 が示す大阪梅田エリアには、グランフロント大阪（2013 年 4 月オープン、売場面積 4.4 万 m^2＝以下同じ）、ヨドバシカメラ梅田店（2001 年 11 月オープン、4.5 万 m^2）、JR 大阪三越伊勢丹（2011 年 5 月オープン、5 万 m^2）、ルクア（2011 年 5 月オープン、2 万 m^2）、大丸梅田店（1983 年オープン、2011 年増床。4.5 万 m^2 → 6.4 万 m^2 に）、HEP（ヘップ）ファイブ（阪急系商業施設、1998 年 10 月オープン、4.5 万 m^2）、阪急メンズ大阪（2008 年 2 月オープン、1.6 万 m^2）、阪急梅

図表4-2-1　大阪市内主要ターミナルの商業施設

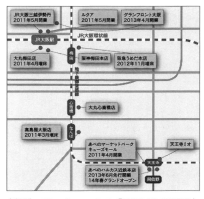

(出所：データマックス「NET IB NEWS」2013年7月24日付より)

図表4-2-2　大阪梅田エリアの商業施設

(出所：アパレルウェブ「週刊COLUMN」2013年8月23日付より)

田店（2012年11月新店舗オープン、9.6万m²）、阪神梅田店（1963年オープン、5.3万m²）、ハービスOSAKA（阪神系、1997年3月オープン、13.7万m²）、ハービスENT（阪神系、2004年11月オープン、5.0万m²）などの商業施設が集積しています。1963年オープンの阪神（百貨店）梅田店は老朽化が著しいことから、隣接する新阪急ビルとあわせて、建て替えることが計画されています。2022年の竣工を予定しており、10万m²の百貨店ゾーンが登場する計画です。

なんば・天王寺、その他の商業施設

　このほか、心斎橋では大丸心斎橋店（築81年）の改築計画があります（2014年4月）。大丸松阪屋百貨店を傘下におさめるJフロント・リテイリング社が中期経営計画に「心斎橋地区再開発計画の具体化」を盛り込みました。大丸心斎橋店には7.4万m²の売場面積があります。「キタの梅田・ミナミのナンバ」には、「なんばパーク

ス」(2007年オープン、5万m^2)と大阪高島屋(2011年3月改築オープン、7.8万m^2)、なんばマルイ(2006年9月オープン、1.7万m^2)が立地しています。天王寺=あべの地区には、「あべのハルカス近鉄」(2014年3月オープン、11.4万m^2)と「キューズモール」(2011年4月、6万m^2)が立地しています。

このほか、エキスポランド(万博会場)跡地に10万m^{2}の商業施設を三井不動産が計画しています。三井不動産の「エキスポランド跡地複合施設開発事業」は、300万m^2(300ha)もの広大な土地を開発するプロジェクトです。三井不動産は、エンターテイメントとショッピングを融合させたこれまでにない大型複合施設を建設し、大阪の新たなランドマークをめざすとしています。

このほか、エキスポランドに隣接する千里中央地区には「よみうり文化センター」の建て替えが計画されています。建て替え後の「よみうり文化センター」は11万m^{2}の商業施設を想定しており、商業施設と住宅施設を一体的に整備する計画です。

大阪・梅田地区から約1km(徒歩10分)の地点には、「中之島フェスティバルタワー・ウエスト」があり、ここでは15万m^{2}の商業施設の誘致が計画されています。このビルにはロイヤル・ホテルが、大阪で最高クラスのラグジュアリー・ホテルを2017年夏に開業する予定で、2012年11月に竣工した東地区の中之島フェスティバル・タワーとともに、日本で最も高いツインタワー・ビルとなります。「日本一高い商業ビル」をうたった「あべのハルカス」とあわせ、地域のランドマーク・タワー・ビルがここにも建設されようとしているわけです。

2万m^{2}以上の商業施設は、以上に紹介した商業施設を含めて大阪市内には40ヵ所もあります。ターミナル以外に立地している売場面積=3万m^{2}以上のショッピング・センターを**図表4-3**にとりま

図表4-3 大阪府内リージョナル型ショッピングセンター（RSC）

施 設 名	所 在 地	店舗面積(m^2)	開 業 日
イオンモール鶴見緑地	大阪市鶴見区	54,500	2006年11月
なんばcity	大阪市中央区	107,347	1978年11月
アリオ鳳	堺市西区	48,220	2008年 3月
パンジョ	堺市南区	48,456	1974年11月
イオンモール堺北花田	堺市北区	55,000	2004年10月
ディオス北千里	大阪府吹田市	45,178	1994年 3月
イオンモール大日	大阪府守口市	58,161	2006年 9月
イオン茨木ショッピングセンター	大阪府茨木市	54,500	2001年 1月
アリオ八尾	大阪府八尾市	41,000	2006年12月
箕面マーケットヴィソラ	大阪府箕面市	43,135	2003年10月
イオンモールりんくう泉南	大阪府泉南市	77,026	2004年11月
（参考）			
イオンモール日根野	大阪府泉佐野市	31,451	1995年 4月
いこらもーる泉佐野	大阪府泉佐野市	33,805	2000年 3月
りんくうプレミアム・アウトレット	大阪府泉佐野市	39,400	2000年11月
りんくうプレジャータウン・シークル	大阪府泉佐野市	33,519	2007年12月

(資料：報道資料より作成)

とめました。なお、イオンモール系列では、ショッピングセンター「イオンモール四條畷」が計画中で、約8万m^2の店舗面積に170の店舗と4100台収容の駐車場を配置する延べ15万m^2の商業施設を建設するとの計画です。枚方市には「ニトリモール枚方ショッピング・センター」が2016〈平成28〉年春のオープンをめざして建設中です。ここには「ニトリ」をはじめとする4店の大型専門店を核として、広域からの集客力を備えた商業施設面積4万m^2のパワー・センター型の施設を目指しているといいます。ニトリホールディングスとしては「ニトリモール東大阪」に次ぐ、店舗展開となります。

飽和している商業施設

　大阪市内あるいは大阪府内での商業施設の立地状況は以上の通り

です。このうえ夢洲に「カジノ」を利用した商業施設を立地しようというのですから、ただでさえ、飽和状態にある大阪地区では、「カジノ誘致」推進派のみなさんが、「IR型カジノ」の魅力をあれこれ訴えたとしても、商業施設に限ってみても、これだけの「競争相手」が歴然と存在しているのです。

　夢洲の「IR型カジノ」施設が「飽和状態にある商業施設」と競争していくには、カジノの収益をテコに、なにがしかの「特権」を商業施設に与える営業戦略を講じないかぎり、経営不振に見舞われるのは必定ではないでしょうか。しかも、「なにがしかの特権」を付加するビジネス・モデルは、大阪での「商業戦争」にいっそうの混乱を持ち込み、こんどは既存の商業施設に経営上の諸困難をもたらすことになるのではないでしょうか。

　現に、大阪の百貨店では、当初に目論んだ売上目標が達成できないケースが続出しています。たとえば、2012〈平成24〉年11月に増床開業した阪急うめだ本店も売上目標である2130億円を達成できなかったのです（日本経済新聞、2013年5月10日付）。また、大阪の三越伊勢丹も開業からわずか3年で「百貨店の看板を下ろす」ことになりました。同店は、百貨店スペースを3分の1に縮小し、残りの3分の2をJR西日本系企業が運営する「ルクア」に貸し出す計画がもちあがっています。近鉄の肝入りで開業したハルカス近鉄本店（日本一の高さを誇る）も2014〈平成26〉年2月期の売上目標は未達成でした。難波の高島屋大阪店も2012〈平成24〉年3〜8月期の増床・改装効果は5億円と当初計画の18億円を大幅に下回りました（日経流通新聞、2014年1月24日付）。

2．マネーロンダリング──経済犯罪──のおそれ

マネーロンダリング（資金洗浄）

　マカオやシンガポールでのカジノ・ビジネスの「成長」の背景には、中国人VIP客のマネーロンダリングがあるとWeek in China誌は指摘します。ホンコン上海銀行によれば、最大で30万人がマカオのVIPギャンブラーです。彼らはマカオに行くたびに1万ドルから2000万ドルを費やしており、売上高の65％は彼らによるとされます。また、中国人は出国時に2万ドルしかもちだせず、外貨に換えることができるのは毎年5万ドルまでとされてはいるものの、マカオのジャンケットの保証で賭金を借り、中国に戻ってから6週間以内にエージェントに返済すると言われています（Week in China 2013年5月10日付）。

　シンガポールでは2013年の1年間で、マネーロンダリング（資金洗浄）と疑わしき取引が対前年比25％増加の2万2417件あったと、当局が発表しました。その総額は1億1500万シンガポールドル（約117億円）に上りました。シンガポール警察当局のマネロンなどの事案を担当する部局によると、取り締まりを強化しているものの増加傾向に変化はないといいます。また、シンガポール通貨庁（MAS、中銀に相当）はマネーロンダリング（資金洗浄）とテロリスト支援を阻止するルールに違反したとして22の金融機関に制裁金を科し、7社については一部業務を差し止めました（ゆかしメディア2014年7月4日付）。

未熟な日本のマネーロンダリング摘発能力

　マネーロンダリング（資金洗浄）やテロ資金対策を目的に設立された多国間枠組みであるFATF（金融活動作業部会）は2014年6月

27日、日本政府に対し、必要な法整備が遅れているとして早期の対応を求める声明を発表しました。

　FATFは、①金融機関などの顧客管理の内容の充実、②テロ行為への資金支援だけではなく、物質的支援（アジトの提供など）なども処罰の対象とすること、③国内にテロリストが居住していた場合、その資金の国内移動を防止するための措置を講じること、④国際組織犯罪防止条約（パレルモ条約）の締結に必要な国内担保法を整備すること、の4点において早急な改善を求めました（ロイター2014年6月28日付）。

　マネーロンダリング対策が未熟な日本に、マカオで鍛えられたカジノ運営業者がやってくる。いったいどのような社会的な混乱や事件が持ち込まれるのでしょうか。「カジノ誘致」に熱心な人たちは、果たして「対策」は可能だと言い切るのでしょうか。

3．深刻な依存症――韓国の状況――

　司法書士で全国カジノ設置反対連絡協議会の事務局長をされておられる新川眞一氏が「韓国江原ランド視察調査報告」をまとめています。以下にその報告を紹介しましょう（『消費者法ニュース』第100号）。

カジノの周囲には質屋街と風俗店

　　数多くある質屋にはベンツやBMWなど高級車のポスターが貼られていた。「これが4000人もの『カジノホームレス』を生んだ質屋街か」と感慨が込み上げてきた。「カジノで負けたらクルマを質草に一発逆転に賭けるのさ」とは添乗員の話。「中毒センターに行けば帰りの電車賃は融通してくれる。だからクルマが質草になる」のだ。

　　道の向こうにはチャイナ服姿の若い女性の看板が。風俗店のようなつくりのマッサージ店だった。カジノ客は、マッサージ店や車内に寝

泊まりしている人がほとんどだそうだ。ホテルには泊まらない。「カジノにつぎ込むカネが惜しいからだ」と添乗員が解説してくれた。

スロット・マシンとテーブル・カジノ

　カジノ場に入ってすぐに目に入ったのは何百台ものスロットマシン。ほとんど満席だ。韓国人の客は、みなうつろな目で、座席に後傾姿勢で、浅く座り、黙々と、ボタンを押すことだけを繰り返している。日本のパチンコ、パチスロに打ち興じている顧客と同じ表情だ。蝶ネクタイ黒スーツの男性と、おしゃれなワンピースとジュエリーに身を飾った女性たちが、シャンパングラスを向かい合わせながら笑顔でカジノに興じているコマーシャル映像とは全く違う光景だ。

　これと対照的なのは、バカラ、ポーカー、ルーレット・スペース。血走った眼。掛ける金額も半端ではない。数人が囲んだテーブル。必ず1人は1回の勝負に5万ウォン札（5000円程度）を10枚、20枚と束にして、皆に見せびらかすかのように賭けに興じていた。テーブル・サイドには自動集札機があって即座に金額と枚数が判る。ディーラーが配ったトランプが一瞬のうちに勝負を決める。勝者には、コインが配られる。勝った者が、即座に退席して換金場にゆくことはない。スロット客とは違ってみな、アクティブである。反対に「ディーラー」（胴元賭場を仕切る職員）はまったく落ち着いている。客が勝っても負けても、また、掛け金の額にかかわりなく、表情一切を変えることがない。オーラとも言うべき空気と恐怖感に襲われてカジノから退出した。

依存症対策をめぐって

　「どんなに中毒防止管理システムを徹底しても、『射幸産業』の副作用である家族崩壊、自殺、地域共同体の破壊を防ぐことは出来なかった。国家の運営でもこうだから、民間に委ねてはとうてい副作用は防ぐことはできないでしょう」——中毒管理センター事務局長のこの発言が心に残る。

新川氏の報告にあった依存症について、カジノ推進派は、「依存症になる人は、パチンコやカジノがなくても、他のなにかで依存症になるのだ」と依存症をねじ曲げて理解させようとしています。
　WHO（世界保健機関）によれば、依存症とは、パチンコなどのギャンブル行動を繰り返すことで生ずる脳の機能障害だとされています。行動による刺激が積み重なることで症状に見舞われてしまいます。最善の依存症対策は、そうした行動を引き起こさないこと、パチンコやギャンブルをさせないことなのです。
　カジノ推進派は、「パチンコやギャンブルをさせない」という行為を、「大きなお世話」だともいいます。パチンコやギャンブルは庶民の楽しみであり、その楽しみを国が管理するなどとは「大きなお世話」というわけです。パチンコの「負け」とカジノでの「負け」は金額の規模がそれこそケタ違いです。「庶民のささやかな楽しみ」と「カジノ」を同列に置くことはできません。
　最後に、カジノが合法化されることで、青少年にどんな悪影響を与えることになるのか、筆者はそれが気がかりです。こういう心配は、統計などで科学的に裏付けるのは困難なのですが、脱法ハーブや脱法ドラッグだけでなく、タバコやゲーム機、スマートフォンへの依存もふくめて、「依存症」という問題は、青少年に広範な影響を及ぼしています。こうした問題に解決をみないまま、さらに、賭博を合法化するようでは、マジメにコツコツと課題に取り組もうなどという教育は、まったくの絵空事になってしまうのではないかと危惧します。

深刻な依存症——厚生労働省研究班の報告——

　2014年8月20日に厚生労働省の研究班が公表した調査報告が衝撃を広げました。というのも、「日本のギャンブル依存症患者が536

万人」にものぼり、日本がすでに世界最悪のギャンブル依存大国であることをあらためて裏付けたからです。ギャンブル依存症についての調査は、2008年に次いで2度目。2008年の調査では男性の有病率は9.6%、女性は1.6%でした。今回（2013年）の調査では男性が8.8%、女性が1.8%とほぼ同じ水準にあることが2度の調査で明らかにされたわけです。

オーストラリアやニュージーランド、フランスやスウェーデン、韓国や香港と較べてみても、諸外国では1%前後であるので、日本の異常さが際立つ結果となりました。

依存症はけっして「自己責任」によるものではありません。依存症は個人の人柄や性格によるものではないからです。賭博場の存在がそれを引き起こすのであり、カジノ賭博場が社会の健全性を大きく損なうことは論をまちません。

4．自治体がカジノ推進に走ることへの疑問

最高裁の判例から

日本社会は、なぜ賭博を禁じているのか。第二次大戦後の社会の仕組みのなかで、そのことを明らかにしているのが、「賭博（バクチ）にも営業の自由を与えよ」（賭博は憲法に記された「営業の自由」で保護さるべき職業である）との訴えに対して、判断を下した最高裁判例です。これを以下に紹介します（賭場開帳図利事件：判例 s25.11.22 大法廷・判決　昭和25（れ）280　刑集第4巻11号2380頁。下線部及びかっこ数字は引用者による）。

「賭博行為は、<u>一面互に自己の財物を自己の好むところに投ずるだけ(1)</u>であって、<u>他人の財産権をその意に反して侵害するものではなく(2)</u>、従って、<u>一見各人に任かされた自由行為に属し(3)罪悪と称するに足りないようにも見える(4)</u>が、しかし、他面勤労その他正当

な原因に因るのでなく(5)、単なる偶然の事情に因り財物の獲得を僥倖せんと相争う(6)がごときは、国民をして怠惰浪費の弊風を生ぜしめ、健康で文化的な社会の基礎を成す勤労の美風（憲法二七条一項参照）を害する(7)ばかりでなく、甚だしきは暴行、脅迫、殺傷、強窃盗その他の副次的犯罪を誘発し(8)又は国民経済の機能に重大な障害を与える恐れすらある(9)のであ（り）…公共の福祉に反する(10)ものといわなければならない」。

　この最高裁判決は、カジノ誘致派の人たちによって「時代遅れ」だとか、「『勤労の美風』という道徳や倫理を法で強制するのか」と批判されることが少なくありません。「法」と言っても、刑法の議論をしているわけではなくて、行政（機関）や公務員を律するための法律である憲法の議論だということを、念頭におきたいと私は思います。

　そういう見地からすれば、この最高裁判決は、賭博という行為を行政はどう見るべきなのかを明らかにしているように思います。整理をしてみましょう。

　まず、賭博行為は(10)公共の福祉に反する。これが結論となる命題です。このことがまず確認されます。いささかの解釈を加えながら、賭博容認論の根拠をたずねてみますと、(1)自分の財産がなくなるとしてもそれは「自分の好き勝手」、(2)そのことで他人の権利を奪ってもいないのだから、(3)賭博をするのは「自由行為」であってよいはずで、(4)処罰さるべき対象でもない、というものです。

　ところが、(5)勤労その他正当な原因によらずに、(6)偶然に委ねて財物の獲得を僥倖する――思いがけない幸運を当てにする――のでは、(7)健康で文化的な社会をつくる基盤となる「勤労の美風」が損なわれてしまう。それだけでなく、(8)副次的犯罪を誘発したり、(9)国民経済に支障をきたすことがあるかも知れないので、(10)公共の福

祉に反すると結論する。このような論理構成になっているようです。

「勤労」（まじめに働く）こと、あるいは「まじめに働けるように国が手当をすること」は、やはり「健康で文化的な社会をつくる基盤」だと筆者は思うので、「賭博は公共の福祉に反する」という最高裁の判断を筆者は尊重したいと考えます。

この「公共の福祉」（憲法13条）という法思想は、公務員の服務規律に取り込まれています。まず、憲法13条は「すべて国民は、個人として尊重される。生命、自由及び幸福追求に対する国民の権利については、公共の福祉に反しない限り、立法その他の国政の上で、最大の尊重を必要とする。」と定めています。このことを前提にして、国家公務員法第96条や地方公務員法第30条は、公務員のあるべき姿として、「すべて職員は、全体の奉仕者として公共の利益のために勤務し、且つ、職務の遂行に当っては、全力を挙げてこれに専念しなければならない」としています。

賭博を「公共の福祉に反する」として禁じているのは、個々人の趣味や嗜好について行政機関があれこれの指図をしているわけではありません。国家や地方公共団体が経済行為として、また行政行為として賭博を行うことを憲法は問題にします。逆にいえば、「賭博をさせて儲けを得る」というカジノの運営は「公共の利益」や「公共の福祉」にかなう（適合する）ことが明らかでなければ、カジノビジネスは成立しません。

ここにもカジノ運営業者を悩ませる論理が立ちはだかります。「違法性を阻却する」という法律の考えがあります。「阻却」とは「しりぞける、さまたげる」という意味の用語です。賭博など法律で違法とされる行為について、その違法性を否定するという考えです。たとえば宝くじの場合には、売上の50％が地方財政に組み入れられ、残りの50％から運営経費が控除され、そこから当選金が配分されま

す。50％もの控除率を課していることから、宝くじの当選金には課税されません。

　競馬や競輪などの公営ギャンブルの場合には売り上げの25％が地方財政へと組み入れられ、これも運営経費を控除した残りの部分で配当金が計算されます。競馬の場合には、「勝ち馬投票券（馬券）」による収入は、必要経費を控除したうえで課税所得に算入され納税義務が生じます。

　このように、「違法性を阻却する」仕組みをカジノ運営業者に課した場合、カジノ運営業者は運営経費のみを取得することとなるので、ラスベガスやシンガポール、マカオとはまったく違った事業を日本では営まざるを得なくなるでしょう。

　つまり「公設民営」でなければ、現行法のもとでの「違法性阻却事由」をカジノに見いだすことは困難です。しかも、「公設」によれば「数千億円から1兆円」などという規模の投資を行う余裕は、いまの地方自治体にはありません。

　ではカジノ運営業者が儲けるための「民設民営」だとどうなるか。パチンコなど風俗営業法のもとで運営されている「賭博類似行為」だけでなく、公営ギャンブルや宝くじなどの「ギャンブル」（ゲームという形式でおカネの獲得を偶然に委ねる行為）との法律的な整合性をどのように確保するのか——民設民営カジノが「公共の利益にかなうのだ」とする理屈があるというのか——という難問が待ち受けています。このように日本で「IR型カジノ」・ビジネスを合法化するには、大きなハードルをいくつも乗り越えなければなりません。それゆえ、「カジノ推進法案」の内容が示しているように、何はさておき、まず「カジノ合法化法の成立を」との無理押しとならざるをえないのではないでしょうか。

第5章　パチンコや公営ギャンブルをどう考える？

　本書のむすびにかえて、パチンコや公営ギャンブルの問題をとりあげたいと思います。というのも、カジノ＝賭博問題をみなさんと議論したとき、必ず出される質問が、パチンコや公営ギャンブルとカジノとの関係をどうみるか、パチンコや公営ギャンブルを脇に置いて、カジノ＝賭博という議論はできないのではないか、という質問が多いからです。

　かつては「30兆円産業」（1995年の30兆9020億円の売上高、2900万人の参加人口）といわれたパチンコ産業。2004年の29兆4860億円の売上高は、2013年には18兆8180億円へと4割近く落ち込みました。パチンコへの参加人口は2004年の1790万人から970万人へと半減に近いところまで落ち込みました（『レジャー白書』2014年）。

1．パチンコ業界の経営実態

パチンコ業界は「寡占産業」

　図表5-1は、パチンコ・ホールの営業成績を示したものです。2兆円の売上高を誇るマルハン、業界2位のダイナムは2012年8月に業界初の株式上場を香港証券取引所で果たしました。両社が「業界2強」として君臨しています。

　少し古い資料になりますが、**図表5-2**は、帝国データバンクが2006年に作成した資料です。2005年度（2006年3月末）のパチンコ・ホール業界は4269の業者から成り立っていました。売上高が100億円に満たない業者が3546社で全体の83.1％を占めています。**図表5-1**と重ねあわせてみると、業者数を4000社とみて、上位20社の

図表5-1　パチンコホール営業成績

順位	企業名	所在地	店舗名	店舗数	最新期末	最新期売上高（百万円）
1	マルハン	東京	マルハン	293	2012. 3	2,071,858
2	ダイナム	東京	ダイナム	372	2012. 3	897,653
3	ガイア	東京	ガイヤ・メガガイヤ	186	2012. 5	377,761
4	ニラク	福島	ニラク	50	2012. 3	225,691
5	ABC	静岡	ABC	38	2011.10	221,409
6	オザム	東京	トワーズ	43	2013. 3	214,796
7	一六商事	東京	MGM・ROYAL	52	2011. 1	212,415
8	延田エンタープライズ	大阪	123	66	2012. 4	190,566
9	安田屋	東京	YASUDA	28	2012. 3	172,800
10	平興産	福岡	ワンダーランド	38	2011. 7	164,693
11	合田観光商事	北海道	ひまわり	37	2011. 1	162,774
12	キング観光	三重	キング観光	22	2011. 1	161,645
13	善都	愛知	ZENT	23	2011. 1	149,791
14	新和	北海道	プレイランドハッピー	20	2011. 1	148,805
15	カネマツ	兵庫	ライジング	36	2011. 9	138,178
16	平成観光	岐阜	ケイズ	17	2012. 3	132,773
17	ベガスベガス	山形	ベガスベガス	23	2012. 3	128,685
18	コロナ	愛知	コロナ	17	2011. 7	119,105
19	正栄プロジェクト	北海道	イーグル	32	2011. 1	118,072
20	日本オカダエンタープライズ	大阪	モナコ	13	2011. 1	116,706

（資料：「レジャー産業資料」2012年12月号に加筆）

売上高は6兆900億円あまり。マルハンとダイナムの2社でほぼ半分を占めてしまいます。パチンコ産業は、この2社で業界売上高の10数％を占めるという「寡占業界」だったのです。

さて、業界最大手のマ

図表5-2　収入高規模別社数

2005年度収入高区分	業者数	構成比（％）
1兆円以上	2	0.05
5000億円以上　1兆円未満	—	—
1000億円以上 5000億円未満	33	0.8
500億円以上 1000億円未満	65	1.5
100億円以上　500億円未満	623	14.6
50億円以上　100億円未満	653	15.3
10億円以上　50億円未満	2,060	48.3
10億円以上	833	19.5
合　計	4,269	100

（出所：帝国データバンク「特別企画：パチンコ経営業者の動向調査」TDB 2006年11月15日より）

ルハンは未上場企業なのですが、会社説明会で業績報告を行いました（SankeiBiz 2014年6月7日付）。

　2014年3月期の連結業績は、売上高が前期比1.2％減の2兆1116億5400万円、経常利益が同42.8％増の605億7300万円と、「若干の減収ながら、過去最高の経常益をあげることができた」との説明。営業利益は同45.9％増の579億円。最終利益は同59.3％増の323億6800万円だった。同期は14店舗を新規出店したことで、全体では299店舗になったという。
　減収要因は「稼働率の低迷」「低貸玉営業の拡大」で、特に既存店の売り上げ減少が響いた。他方、「機械代」や「広告宣伝費」などの経費削減に取り組み、181億円の経常増益を達成した。機械の入替費は、前年同期比15.1％減の790億円、広告宣伝費は同42.7％減の99億円だった。
　パチンコでは、貸し玉料金が1個4円のタイプで50.1％、同1円などの低料金タイプが63.8％。パチスロは貸しメダル料金が1枚20円のタイプで54.8％、低料金のものが58.2％。いずれも「低貸玉営業」が通常営業を上回った。
　今期は「経費の削減＋効果の最大化」を全社方針に掲げ、低貸玉専門店を含む15店舗の新規出店を計画。売上高2兆297億円、経常利益615億円を目指す。

パチンコ・ホール経営の難しさ

　パチンコの1台の価格は35〜40万円と言われています。税法で認められた償却期間は2年（取得原価が20万円以上のもの）です。同じ店で同じ機械を2年間も使い続けることは、よほどの人気機種でもないかぎり、ありえないようです。どの店でも3ヵ月に1回のペースで「新台入換」を行ってきました。すると年に4台の「機械代」（160万円＝4台×40万円）が発生しますが、法人税の計算にあたっ

て計上できる減価償却費は、償却期間が2年なので半分（80万円）しか計上できず、残りの80万円の費用はホールの負担となります。

　売上高が減少傾向にあるときには、パチンコ・ホールの経営者からすれば、こうした費用がムダな費用に思えるので、裁判に訴えるケースもありましたが、訴えは認められてはいません（パチンコ台の「取得価額の全額を本件事業年度の所得の金額の計算上損金の額に算入して確定申告をしたところ、柏税務署長が、これを固定資産に計上して減価償却をするべきであるとして、法人税の更正処分をしたため、その取消しを求める」事案：税務訴訟資料第261号−82）。

　マルハンが真っ先に経費削減の項目に挙げたのが、この「機械の入れ換え費」。140億円が削減された計算になります。法人税の計算（2年償却、実効税率40％とすれば）でも20数億円の節税効果を見込むことができます。広告宣伝費でも70億円を削減。業界最大手の業者が、経費のムダの節約にとりかかった結果が、営業利益の「45.9％増」や最終利益の「59.3％増」につながっています。

　業界の7割の業者は売上高が50億円未満の「零細業者」。マルハンの利益率をそのままこれらの業者に適用するのも非現実的に思われますが、あえて計算するなら、マルハンの売上高経常利益率は2.9％。売上高が50億円の業者なら、その経常利益は1億5000万円ほどになります。

　「割数」と呼ばれる換金率で粗利益を計算すれば、1円パチンコのような「低貸し玉営業」がより利益を確保しやすいとはいえ、中古のパチンコ台を活用するなど経費の削減が伴わなければ、経営の存続は難しいように思えます。

　帝国データバンクの調査（「パチンコ・ホール経営業者の倒産動向調査」2012年1月26日）は、財務的に脆弱であった業者はすでに、2006〈平成18〉年から2008〈平成20〉年ごろにかけて倒産、もしくは廃業

という形で店を畳んだとしています。さらに、2011〈平成23〉年に限っていえば、東日本大震災で600店舗ほどのパチンコ・ホールが被災したとみられ、うち200店舗あまりは甚大な被害を受けて営業不能に陥ったのだが、被災しなかったホールにユーザーが集まるという現象も見られたと報じています。

　いま1つのホール経営の難しさは、収益管理にあります。ここで、俗に言う「遠隔操作」——ホールがITシステムを用いて意図的に出玉をコントロールすること——は、まったくないものとします。すると、収益管理の手段は「釘調整」しかありません。釘調整というのは、入賞口に流れるパチンコ玉をコントロールするためにパチンコ台の盤面に打ち込まれている釘や風車の角度などをハンマーなどの道具を用いて調整することです。「遠隔操作がない」というのは、この入賞口に流れた玉は、客にあらかじめ告知された返還玉や大当たり確率にしたがうことが約束されていることを意味しています。この「釘調整」をホールの想定通りに実行できる「職人」が少なくなったと聞きます。大規模店舗を全国展開する大手ホールとは違って、地域の中小ホールにとっては、確率論でいう「大数法則」を上手く利用することができないので、収益管理での困難性は致命的ともいえる現象なのです。

2．「カジノ推進法案」とパチンコ業界

カジノでの賭博が認められればパチンコはどうなるか

　競馬とパチンコは第二次大戦前から存在していたギャンブルです。なかでも競馬は、1866〈慶応2〉年に江戸幕府が横浜競馬場を常設の競馬場として設置しています。その後、さまざまな紆余曲折ののちに、軍馬育成を目的として1923〈大正12〉年には競馬法が成立し、馬券の販売が再開されました。1936〈昭和11〉年には日本競馬会が

設立され、競馬会の主催のもとに競馬が開催されています（石川義憲「日本の公営競技と地方自治体」）。

　ポツダム宣言の受諾（敗戦）によって「軍馬資源保護法」が廃止されたので、地方競馬については規定する法令が存在しない状態となり、全国各地で地元の有力者やかつての競馬関係者、さらには"闇の勢力"までもが馬券発売を伴う競馬を主催するようになりました。闇競馬の横行です。この闇競馬に対処すべく、1946〈昭和21〉年10月より地方競馬法（のちの競馬法）の下で国営競馬として再開されました。

戦前のパチンコは景品交換ゲーム

　パチンコは戦前から露天商が縁日で景品交換ゲームとして営業していました。過熱するあまり大阪府警が一斉摘発に乗り出したとの記事が戦前に紹介されています。

　戦後直後に名古屋の正村商会が「正村ゲージ」という画期的なパチンコ台を考案したことにより、1948〈昭和23〉年の風俗営業法の施行とともに、パチンコ・ブームが生じました。

　地方自治制度がスタートするのは、1947〈昭和22〉年5月の憲法施行以降で、地方自治の裏付けとなる地方財政制度の整備に着手されるのは、1949年8月と1950年9月とのシャウプ勧告以降のことです。つまり、パチンコというギャンブルが登場するのは、地方財政の困窮期に、いわば「戦後のドサクサまぎれ」に登場したというのが、現実の姿なのです。

どうする公営ギャンブル

　競輪は1948〈昭和23〉年8月に自転車競技法として「合法化」されました。発祥の地（船橋オートレース事業）の廃止が決定したオー

トレースは 1950〈昭和 25〉年 5 月の「小型自動車競争法」によって、競艇は 1951〈昭和 26〉年 6 月の「モーターボート競争法」によって、それぞれ「公営ギャンブル」として成立しています。これらはみな、成立まもない地方自治の財政的基盤に寄与するものとして、合法化（違法性を阻却）されたものなのです。競輪には車券を買わずとも、自転車競技として発展させる方策があるように思われますが、公営ギャンブルとしてはオートレース・競艇などと同じように、関係者の転職斡旋を保障しつつ、「安楽死」させる——積極的な生き残り策を講じない——のが適切だと考えます。

　ところがパチンコと競馬は少し事情が異なるようです。軍馬としての需要はもはやないわけですが、競争馬としての血統の維持に日本の競馬界がどのような役割を果たすべきなのか、あるいは、ヨーロッパやアメリカ、そしてアラブの国々にその役割を委ねるべきなのか、私にはよくわからないところがあります。

パチンコをどう考える

　パチンコについては意見があります。賭博が合法化されれば、パチンコは格好のギャンブル手段としてカジノに導入されるのではないかと筆者は考えています。風俗営業法で「いたずらに射幸心をあおってはならない」として、パチンコには様々な制限が設けられています。たとえば、パチンコ台については、「1 分間に 100 発以上、玉を射出する機械」は、法律違反。貸し玉一つが 4 円として換算されれば、1 分間に 400 円、1 時間に 2 万 4000 円を消費するような機械は風俗営業法に照らして、設置できないことになっています。ちなみに、カジノのスロット・マシンは、現行では、4 秒で 1 勝負という設定になっているので、「1 分間に 400 円を上回ってはならない」というルールだと、1 回の勝負に費やすことができるのは、20

円程度となります。賭博を合法化するということは、こういう制限を撤廃することになります。スロット・マシンで「1回＝20円の勝負なんて、馬鹿馬鹿しくてできやしない」というのなら、そのことは、パチンコ台での「射幸心の制限」を解放するということになり、1日で数十万円の「勝ち」をもたらした「爆裂台」以上の機種が登場することになるでしょう。

　その際、「カジノはギャンブルであると同時に、紳士淑女のサロンであり、経済行為でもある」（大川潤『カジノの文化誌』）との考えがありますが、「紳士淑女のサロン」にパチンコ・ホールのあの喧騒を持ち込むことができるのでしょうか。

　ほんの数ヵ所のパチンコ賭博場（カジノ）が日本に設けられたとすると、現在、1万2000軒を超えるパチンコ・ホールは、賭博場で「1日に数百、数千万円」もの現金に換金可能な超・「爆裂台」と「風俗営業法適用台」との併存に耐えることができるのでしょうか。一方で、現金を使って一攫千金を夢見ることができるパチンコ台があり、他方では「風営法」に縛られたパチンコ台がある。同じ機械を使ったギャンブルを性格が全く異なる2つの法律でコントロールするのは、やはり無理があるように思います。したがって、賭博が合法化されれば──もちろんカジノという特定の場所でのみ「合法」となるのでしょうが──、いずれパチンコ・ホールは街から一掃されるのではないかと思います。

　大多数の中小パチンコ・ホールは、もし仮に、賭博が合法化され、カジノでのパチンコ営業が開始されれば、生き残ることは困難だと筆者は考えます。一方に「カジノ・パチンコ」があるなかで、現行の風俗営業法の下で「射幸心を抑制したパチンコ機」で事業を継続する、言い換えれば「安定的に収益を確保する」には、中小の経営規模のホール運営業者にとって「荷が重すぎる」課題だといわざる

をえないでしょう。ますます複雑化する営業規制や「カジノ並みの換金率を求める愛好家の声」などに、脆弱な経営基盤しかもたない中小の運営業者では対応が困難になるように思われるからです。あるいは、賭博合法化を受けて、ここぞとばかりに、全国1万2000軒のパチンコ・ホールが、射幸心むきだしの「カジノ・パチンコ」を導入し、全国のパチンコ・ホールを「カジノ」化するのでしょうか——しかしながら、そのことは現在の経営を規制している「風俗営業法」が「カジノ・ベース」へと根本的に変更されることを意味しています。そうするには、現行の風俗営業法の制度下にあるあらゆる業種を「刑法の適用除外」とする、一大法制度改革を行わなければならないので、そのような想定は現実的ではありません。

　私が言いたいのは、実は、そういうことではありません。今の若者や子どもたちの日常生活を省みてください。スマホ依存の子どもや若者の、いかに多いことか。ゲーム依存症候群、ネット（やライン）依存症候群に悩まされている人々が、いかに多いことか。この現実に直面したとき、われわれが生み出してきた日本経済は、子どもや若者たちを資本蓄積の標的とし、彼らを収奪の源泉としてきたことこそ、反省すべきではないかと思うからです。

業界第2位のダイナム　カジノに参入か

　2014年4月8日、ダイナムの佐藤取締役会議長は、日本でのカジノ運営に参画するため、複数のアジアのカジノ運営会社と協議・検討していることを明らかにしました（ロイター 2014年4月9日付）。

　地方都市でパチンコ・ホールを運営する同社のノウハウや実績を活かし、カジノ運営でも、東京や大阪の大都市より、地方都市に関心を寄せているといいます。ロイターとのインタビューで佐藤氏は、「ダイナムが一番焦点をあてているのは日本におけるカジノ」と強調

したうえで、「日本以外のカジノでオペレーター（運営会社）として進出する考えはない」と述べました。

佐藤氏は、日本でカジノが解禁になった場合の来客者の大半はアジアからになると考えられ、「アジアのオペレーターが（ダイナムの）パートナーとしていい」との見方を示しています。それに向けてパートナー候補として協議・検討しているアジアのオペレーターには、マカオのSJMホールディングス、ギャラクシー・エンターテインメント（銀河娯楽集団）のほか、メルコ・クラウン・エンターテインメント、韓国のパラダイスグループ、シンガポールのゲンティン・グループ、カンボジアのナガコープを挙げました。

日本は、欧米のカジノ資本＝賭博運営業者にとっては「フロンティア（未開の地）」なのです。ラスベガスはもはやカジノが収益源となる場所ではなくなりました。「IR型カジノ」・ビジネスは、アトランティック・シティで破綻しました。マカオでのカジノ・ビジネスは、マネーロンダリングなどの犯罪の匂いがします。シンガポールのカジノ収益も頭打ち。世界のカジノ運営業者は、「稼いだカネを設備投資に回さなければ客が逃げる」ということや、「設備投資には金融機関から資金を調達しなければならない」という、ごく当たり前の経済法則に直面しています。言い換えれば、「絶えず稼ぎ続けなければ、足元が脅かされる」経営を余儀なくされているのが実態なのです。彼らにとっての「最後のフロンティア」が日本なのです。だからこそ、日本進出に躍起になっているのです。

パチンコ業界とカジノ関連業界

図表5-3は、「IR型カジノ」に関連するビジネスを上場企業ベースで整理したものです。日本では「IR型カジノ」は解禁されてはいないのですが、アメリカやアジア諸国で運営されているカジノに

図表5-3　主なIR関連ビジネスの内容

業種	ビジネスの内容	主な上場企業	カジノ関連業務の実績
ホテル	ホテル運営	多数	新たなビジネスチャンスの到来
建設・不動産	施設の建設・不動産賃貸	三井不動産	フジテレビや鹿島などとともに、お台場エリアでのIR型カジノの建設を提案。2020年の東京オリンピック開催との相乗効果を狙う
		鹿島	三井不動産などと国際観光拠点特区ワーキングチームに「台場エリアにおける国際観光拠点の整備」と題する提案を提出
旅行・観光	IRを軸としたツアーの企画	エイチ・アイ・エス	佐世保市(長崎県)の「ハウステンボス」を経営。子会社が上海航運で「公海上カジノ」の営業を開始。IR型カジノ誘致に強い
エンターテイメント	ショー・ビジネスの展開	松竹・東宝・阪急阪神・ユース・ぴあ・ヒビノなど	それぞれの得意分野でエンタメ部門への参入をもくろむ
パチンコ機器製造	ゲーム機器製造・システム製作	セガサミー	韓国・仁川空港近郊のカジノ施設の建設に着手。宮崎シーガイアを運営するフェニックス・リゾートを完全子会社化
		コナミ	海外カジノ向けスロット・マシンの開発・製造。シーザーズ(アメリカ)と日本進出に向けて協議を開始
		ユニバーサル・エンターテイメント	パチスロ大手。旧アルゼ。フィリピンでのカジノリゾートで現地企業と提携。カジノスロットのシェアは20%。カジノホテルを共同経営していたウィン・リゾーツとは係争中
		ELZO	アミューズメント・ディスプレイ・メーカー
		ダイコク電機	2014年マカオのゲームショーに初出展。カジノ市場進出に意欲
カジノ(賭博)関連	金銭出納・業務管理	日本金銭機械	アメリカでカジノ向け紙幣鑑別機を販売。従業員による賭金の横領を防ぐためのゲーム賭金管理の効率化システムを開発
		グローリー	スロットマシンから払戻の際に発行するバーコード付チケットの精算機を製造・販売。カジノ運営の省力化に貢献
		オーイズミ	パチスロやホール周辺機器を中心に製造・販売。メダル自動補給・回収システムなど、カジノ運営の効率化に貢献可能
		マースエンジニアリング	パチンコ周辺機器を中心に製造・販売。経営サイドでの損益計算を瞬時に可能にするシステム・ホール・コンピュータで実績
		マミヤ・オーピー	紙幣搬送システムや紙幣識別装置、メダル払出機のないブラックジャック販売。瞬時に可能できる券売機のシステムを製造
		アドアーズ	メダルゲームのパイオニア。バカラやポーカーなど、新宿で賭博性のないカジノ店を経営。「カジノ解禁」関連株15の増加を期待
セキュリティ	施設内外整備	セコム、アルソック	施設の防犯システムのほか、警備サービスの増加を期待

(出所:黒谷泰・ブログ『世界中が注目する「カジノ解禁」関連株15』に加筆)

は、これら日本メーカーが製造・販売した「カジノ関連製品」が輸出されています。ビジネス・レベルでは、一定のシェアを「カジノ業界」で確保している製品やメーカーもすでに登場しています。世界の「カジノ運営業者」だけでなく、こうした日本の「カジノ関連メーカー」も虎視眈々と「カジノ推進法案」の行く末を見つめているのです。

おわりに

　「カジノ推進法案」が審議されようとするなか、本書を使って学習会を組織していただきたいとの思いから、誘致が進められている「IR型カジノ」をどうみるかについて、推進派のみなさんの議論も含めて紹介してきました。意外に思われるかも知れませんが、代表的な「カジノ運営業者」は証券取引所に上場されている「上場企業」なのです。

　「カジノ運営業者」は、おおまかに言って、2つの財務書類を公表します。1つは、アメリカ証券取引委員会（SEC）に提出する書類で、日本で言えば「有価証券報告書」に相当する財務書類です。この財務書類は「フォーム（様式）10-K」と呼ばれるものです。もう1つの財務書類には、「フォーム10-K」をベースにしつつも、法律にとらわれずに経営者の「言い分」や読み手（投資家）に印象づけたいことがらを強調して作成される「アニュアル・レポート（年次報告書）」があります。これらの財務書類を用いて、「カジノ運営業者」の経営実態を明らかにした（第3章）のは、本書が初めてだと思います。そこでは、エンターテイメント産業の宿命ともいうべき「自転車操業」──利用者に飽きられてしまえば"一巻の終わり"──の実態が、「調整済EBITDA」という経営指標の分析を通じて明らかにされました。

　第2章「推進派の論理と矛盾」では、「カジノ誘致」にあたって、唯一の根拠とも思われる「経済波及効果」を吟味しました。アメリカの地域経済政策で必ず用いられる「費用便益分析」とはことなって、産業連関表をベースに作成される「経済波及効果」では、導入

によって生み出される社会な問題——社会的費用——がまったく問題にされないことから、「バラ色の未来」をふりまく根拠となっていることを明らかにしました。

　第3章「カジノ運営業者の実態」では、「IR型カジノ」・ビジネスでは、なんといっても「カジノ」が収益源であること、そしてまた、マカオでの「カジノ・ビジネス」の凄まじさ——数十兆円のカネが「賭場」で乱舞する姿——を明らかにしました。ここでは、依存症だけでなく、マネーロンダリングという経済犯罪の温床にカジノがなっており、日本にカジノが導入された場合、経済犯罪の防止が必ずしもうまくいかないことを明らかにしています。

　第4章「なぜカジノを認めてはならないか」では、カジノ誘致が現実視されている大阪の地域経済を分析の対象としました。商業都市として歴史のある大阪が、いまや「カジノ誘致」によって地域の繁栄を期さねばならないのかと、大阪生まれの筆者にとっては、なんともやり切れぬ思いを抱きながら、分析を続けました。その際、明らかになったことは、野放図な都市計画によって、商業施設がすでに飽和状態に陥っていることです。このうえ、「カジノ」をベースとした商業施設や宿泊施設の建設は、地域経済に混乱をもたらすだけです。アトランティック・シティ（アメリカ）での「IR型カジノ」・ビジネスの崩壊劇が、愛すべき大阪の地で再演されることは、なんとしても避けねばならないとの思いを強くしました。

　「カジノ運営業者」が直接、商業施設を運営するのではありません。大阪あるいは日本ですでに営業を営んでいる業者が、カジノに付設された商業施設で事業展開をするわけです。すでに飽和状態にあるなかでは、合理的な経営方針を打ち出せる業者は、ほとんどいないと筆者には思われます。このうえ、無理を重ねては、地域全体の商業活動に悪影響を及ぼすのではないかと懸念します。

とくに強調したかったのは、国家公務員・地方公務員のみなさんの「働き方」が、「カジノ推進法」の成立によって、規律のないものへと根本的に破壊されるのではとの懸念です。「カジノ推進法案」と、公務労働者の労働の前提となっている「公共の福祉」は、どう考えても両立できません。矛盾しあう法体系が存在するようになってしまえば、いったいどのようにして、公務労働の規律性が維持されるのか、「カジノ推進法」が成立してしまえば、公務労働のモラルは一挙に崩壊してしまうのではないか──そのような危惧を筆者は抱いています。

　最終章ではパチンコ業界を採り上げました。たった２つの業者が10数％のシェアを握っているのが業界の実態です。「カジノ」と両立できるパチンコ・ホールは考えられません。それが筆者の結論です。「カジノ推進法案」が成立すれば、「カジノ・パチンコ機」と「風営法・パチンコ機」が併存することとなり、そのような併存状態は維持できないでしょう。というのは、「風営法・パチンコ機」が成立するのは「射幸性」が法によって強制的に抑制されてきたからです。「カジノ推進法案」は、「特区」的な要素をもちあわせていて、「法が指定する地域」においてのみ「賭博」を容認するものなのですが、一方で「射幸性」を解除しておいて、他方で「射幸性」を抑制することは、現実問題として「できること」だとは思えないからです。遅かれ早かれ、「風営法・パチンコ機」は駆逐される──中小のパチンコ・ホールには抵抗するのに必要な経営力や資本力が不足している──ように思われるからです。

　最後に大学教授の立場から一言、述べさせていただきます。日本経済の資本蓄積にとって、重要なターゲットとして青少年を据えている現状は、すみやかに改善されなければなりません。なんのことかといえば、情報・通信産業や家電メーカーは、携帯電話やスマー

トフォン、ゲーム機やコミュニケーション・ツールへの青少年の依存を自らの資本蓄積の手段としているのは明らかだからです。スマホでのゲームに明け暮れる学生が多数を占めるなかで、「読書にあてる時間がゼロ」と回答した学生がついに 40% を超えました（大学生協「学生生活実態調査」）。アメリカの大学生を対象とした調査では「男子学生の 5〜9%、女子学生の 1〜2% がギャンブル依存」だとの報告があります（Problem and Pathological Gambling among College Students、2006 年）。

　ゲームや携帯への依存傾向がある日本の大学生に、このうえ「カジノ」を持ち込むことは、学習崩壊をいっそう助長することになるでしょう。「カジノ」が合法化されれば、「カジノを運営してカネ儲けをする」ことは「公共の福祉」にかなうことであり、「職業選択の自由」が保証される「立派な職業」なのだ——これはまったくの喜劇であり、悲劇ですらあると筆者には思われます。

　衆議院が解散され、「カジノ推進法案」は、いったん廃案となりました。法案の成立を目論んできた推進派の議員は、2015 年の通常国会に法案を再提出するかも知れません。本書を通じて、より多くのみなさんに「カジノ」の現実を理解していただいて、「カジノ誘致」の野望を打ち砕くだけでなく、地域住民が本当に必要としている地域経済政策のあるべき姿を、「3.11 東日本大震災」をふまえて、見いだしていこうではありませんか。

　そのためには、何をさておいても、地域の現状を調査し、確認し、分析することから始めなければならないと思います。「足下を掘れ、そこに泉湧く」といいます。調査・分析・提言活動と多くの人々による議論を通じてこそ、人々が共有できる地域経済政策が生まれます。そういう地域経済政策の創出こそ、地方自治体に課せられた責務なのです。

〈著者〉

桜田　照雄（さくらだ　てるお）

1958年、大阪市生まれ。大阪市立大学商学部、京都大学大学院経済学研究科博士課程、日本学術振興会特別研究員を経て、現在、阪南大学流通学部教授。
博士（経済学・京都大学、1994年）

主要著書
　『銀行ディスクロージャー』法律文化社、1995年
　『さくら銀行・三和銀行』（「日本のビッグ・ビジネス」24）大月書店、1997年
　『取り戻した9億円――相互信用金庫出資金返還訴訟の記録』文理閣、2013年
　『企業会計』（共著）青木書店、1993年
　『商業簿記演習』（共著）啓文社、1994年
　『会計学中辞典』（共著）青木書店、2005年
　『金融ビッグバンは成功するか――薄氷の上の金融システム』（共著）阪南大学産業研究所、1998年
　『日本型銀行システムの変貌と企業会計』（共著）神戸大学経済経営研究所、2000年

「カジノで地域経済再生」の幻想
―― アメリカ・カジノ運営業者の経営実態を見る ――

2015年1月30日　　初版第1刷発行

　　　　　　　著　者　桜田照雄
　　　　　　　発行者　福島　譲
　　　　　　　発行所　㈱自治体研究社
　　　　　　　　　〒162-8512 新宿区矢来町123　矢来ビル4F
　　　　　　　　　TEL：03・3235・5941／FAX：03・3235・5933
　　　　　　　　　http://www.jichiken.jp/
　　　　　　　　　E-Mail：info@jichiken.jp

ISBN978-4-88037-629-5 C0033

印刷：トップアート
デザイン：アルファ・デザイン

地域経済の姿を数字でつかむ産業連関分析に挑戦しよう！

地域と雇用をつくる産業連関分析入門

入谷貴夫 著　本体 2800 円

地域経済の姿を計量的につかむ産業連関分析。結果は、新たな地域政策・雇用につなぐことができる。では、どうすれば市町村の分析ができるのか？
4市町村（宮崎県綾町と諸塚村、高知県檮原町、帯広市）と住宅リフォーム助成を事例に、産業連関分析の仕組み、実際の作業手順、分析の方法を詳しく紹介する。

自治体研究社　〒162-8512 東京都新宿区矢来町123
TEL 03-3235-5941　FAX 03-3235-5933
http://www.jichiken.jp/
E-mail info@jichiken.jp

原発の地域経済への"効果"は1割!?

原発に依存しない地域づくりへの展望
―柏崎市の地域経済と自治体財政―

岡田知弘・川瀬光義・にいがた自治体研究所 編　本体 1500 円

福島原発の事故は、安全で再生可能なエネルギーへの転換が重要であることを明らかにしました。しかし、事故検証も行われないまま、「事故収束宣言」「原発再稼働」が強行され、「廃炉になると地域経済が破綻する」論も打ち出されています。

本書では、柏崎市の地域経済調査と、柏崎市・刈羽村を中心とする立地自治体の財政分析調査を通じて、原発に依存しない地域経済と自治体財政への展望を探ります。

Ⅰ　柏崎市の地域経済と地域づくり
　Ⅰ-1　原発に頼らない地域経済への再生　　　岡田知弘
　　1　原発立地政策と柏崎刈羽原発／2　原発立地は地域経済を豊かにしたか／3　3.11以後の柏崎経済と原発に依存しない地域経済への展望
　Ⅰ-2　柏崎からの発信
Ⅱ　原子力発電所立地にともなう財政収入を検証する　　　川瀬光義

好評発売中
原発になお地域の未来を託せるか　　　清水修二 著　本体 1600 円
地域はなぜ原発を引き受けてきたのか。利益誘導システムの破綻と地域再生への道。
自然エネルギーが生み出す地域の雇用　　　大友詔雄 編著　本体 2000 円
木質バイオマスをつかって地域に仕事をおこしている自治体の実践とその意味。

自治体研究社　〒162-8512 東京都新宿区矢来町123
TEL 03-3235-5941　FAX 03-3235-5933
http://www.jichiken.jp/
E-mail info@jichiken.jp